# LES
# HYDRO-AÉROPLANES



## PIERRE RIVIÈRE

═══ PRÉFACE DE ═══

## ALPHONSE TELLIER

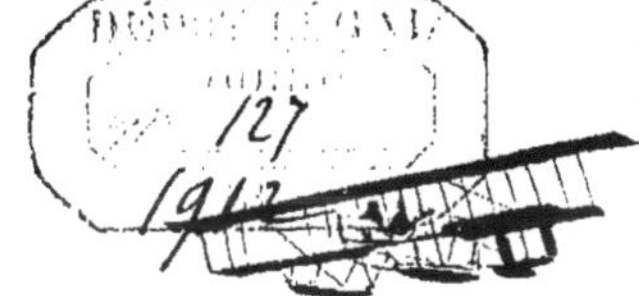

LES

# HYDRO-AEROPLANES

Pierre RIVIÈRE

# LES

# HYDRO-AEROPLANES

Préface de Alphonse TELLIER

LIBRAIRIE AÉRONAUTIQUE

40, Rue de Seine — PARIS

# AVANT-PROPOS

Mon ami, Pierre Rivière, m'a fait le très grand
honneur de me demander la préface du premier livre
qui paraît sur les hydroaéplanes, j'en suis heureux
et fier, mais néanmoins quelque peu confus.

D'autres eussent été certainement plus qualifiés
que moi pour cela, mais l'auteur a sans doute bien
voulu se souvenir d'une communication que j'ai faite
aux Ingénieurs civils en 1904, il y aura bientôt neuf
ans. L'hydroaéroplane n'a pu être réalisé que, du
jour où l'aéroplane ayant un excédent de puissance
suffisant, on a pu lui adjoindre des flotteurs de formes
dérivées de celles essayées et mises au point pour les
embarcations à grande vitesse et dont traitait justement le Mémoire de 1904.

Il y a longtemps du reste que l'on a songé au départ sur l'eau des aéroplanes, et, si l'on s'en souvient,
les frères Voisin, dès 1905, montèrent leur biplan
cellulaire sur flotteurs en catamaran.

J'eus même à cette époque, à Billancourt, le très
grand plaisir de faire quitter l'eau à l'appareil monté
par Voisin, en le remorquant avec la « Rapière », ra-
cer de 100 chevaux.

Mon vieil ami Archdeacon tenait le dynamomètre,
et je me souviens fort bien de notre émotion lorsque
l'appareil quitta l'eau, aux applaudissements de quelques fanatiques.

*Plusieurs envols eurent lieu, mais Voisin prit deux bains forcés, dont l'un nous inquiéta fortement : pris sous l'eau, au milieu des croisillons, il mit pour arriver à se dégager, un nombre de secondes pendant lesquelles nous n'étions pas du tout rassurés sur l'issue de l'expérience.*

*Parmi ceux qui s'intéressaient à ces mémorables essais se trouvait mon excellent camarade Henri Fabre, qui suivait à cette époque les cours de l'Ecole Supérieure d'Electricité; il s'enthousiasma pour l'idée et devint un des premiers clients, sinon le premier, des frères Voisin. Henri Fabre, né à Marseille, de parents armateurs, et marin dans l'âme, devait évidemment songer à l'hydroaéroplane devant ce champ de départ merveilleux qu'offre la Méditerranée. On peut dire qu'il fût véritablement le premier à étudier et à construire un appareil essentiellement marin, par nature et construction.*

*Il créa de toutes pièces, dès 1909, un hydroaéroplane du type Canard, repris depuis par d'autres constructeurs, mais qui, déjà en 1910, effectua à Martigues plusieurs vols réussis. C'est ce même appareil que nous vîmes évoluer à Monaco, en 1911, pendant le meeting des canots. Malheureusement, le moteur était un peu faible pour l'appareil et l'excédent de puissance était insuffisant pour poursuivre utilement les expériences.*

*Peu après, on apprenait les essais de Curtiss en Amérique, essais parfaitement réussis, du reste.*

*Pour Curtiss, le problème s'était posé beaucoup plus facilement. Il avait simplement équipé de flotteurs son appareil terrien parfaitement au point, tandis que Fabre créait de toutes pièces un appareil spécialement marin. C'est donc en date et en fait, lui, le premier qui réussit des départs de la surface de l'eau, par ses propres moyens, créant ainsi le premier hydroaéroplane.*

*Après ces expériences si bien réussies, l'International Sporting Club de Monaco décida la création d'un meeting spécial d'hydroaéroplanes qui eut lieu en mars de cette année.*

*Sous l'habile impulsion de Monsieur Camille Blanc et de son collaborateur, Georges Prade, ce meeting, le premier, remporta un magnifique succès.*

*C'est de ce jour, en effet, que date incontestablement le début de cette nouvelle branche de l'Aviation qui sera si féconde en résultats pratiques.*

*Depuis, eurent lieu les meetings de Saint-Malo et de Tamise qui consacrèrent l'œuvre commencée à Monaco et servirent aux débuts, fort heureux du reste, des hydroaéroplanes monoplans.*

*En avril prochain aura lieu le deuxième meeting de Monaco dont le programme détaillé est déjà paru. Plus sévère que les précédents, ce nouveau règlement oriente, indirectement, les recherches des constructeurs vers un appareil devant répondre aux exigences des besoins de la Marine militaire, laquelle sera sans nul doute, comme l'armée pour l'aéroplane, le principal débouché de la construction.*

*Qu'il me soit permis, en terminant, de complimenter bien sincèrement Pierre Rivière pour son très intéressant volume, le premier sur la question, lequel arrive fort à propos pour documenter les chercheurs qui s'intéressent au nouvel engin.*

A. TELLIER.

Neuilly, 10 décembre 1912.

# LES HYDRO-AÉROPLANES

PREMIÈRE PARTIE

## HISTORIQUE DE L'HYDRO-AÉROPLANE; GENÈSE, ÉTAT ACTUEL, AVENIR DE LA NAVIGATION AÉRO-MARINE.

### I. PASSÉ

Il y a dans l'histoire des êtres et des choses des anomalies qui frappent le bon sens et que l'on chercherait en vain à s'expliquer. C'est ainsi que l'aéroplane a commencé par être terrien avant de se risquer sur l'eau, alors que le contraire eût semblé tout naturel. Car il est hors de doute que l'incertitude et les erreurs du début auraient eu des conséquences moins souvent fatales, si l'aviation avait essayé ses ailes au-dessus de l'eau plutôt qu'au-dessus de la terre.

Il est vrai de dire que la locomotion terrestre était plus développée que la locomotion marine et que les bateaux légers et rapides glissant à la surface de l'eau n'ayant pas encore vu le jour, le problème du départ sur l'eau aurait peut-être donné aux premiers pionniers de l'air plus de fil à retordre que ne leur en a donné le problème du départ sur terre. Toutes choses égales, il était plus difficile (et il est encore à l'heure actuelle presque plus difficile), d'acquérir la vitesse nécessaire à l'envol sur l'eau que sur terre.

Il est vrai aussi de dire que pour un peu les premiers aéroplanes auraient été bel et bien marins si les Blériot et Voisin avaient persévéré dans la première direction donnée à leurs recherches. Car ce n'est pas moins sur des appareils à flotteurs que les deux principaux promoteurs de l'aviation, en France, firent leurs débuts.

Le Blériot II construit en 1905 avec Voisin, était, en effet, un planeur muni de flotteurs. Remorqué par un canot automobile au moyen d'une corde, il s'envola sur la Seine dans laquelle il plongea du reste peu après avec son pilote.

En 1906, le Blériot III muni d'un moteur Antoinette de 24 HP (premier Blériot à moteur) était également muni de flotteurs. Il avait des cellules ellipsoïdales et fut essayé en septembre sur le lac d'Enghien, sans succès d'ailleurs.

Enfin, le Blériot IV, dernier des appareils Blériot à flotteurs fut encore essayé sur la Seine, mais, devant son insuccès, il fut muni de roues et termina sa carrière à Bagatelle, dans une de ces chutes dont Blériot eut longtemps la spécialité. C'était un biplan cellulaire avec une queue elliptique.

Tous les flotteurs de cette série d'appareils étaient du type général qu'on appelle aujourd'hui « en catamaran » (du nom d'une barque indienne étroite et allongée). Ceux du Blériot II et du Blériot III rappelaient un peu la forme d'une périssoire. Ceux du Blériot IV, la forme cylindrique d'un Zeppelin très allongé.

*
* *

Après ces différentes tentatives, les essais s'orientent franchement dans la voie de l'aéroplane terrien. Tout en restant aussi peu encourageants que les essais sur l'eau, au début, ils finissent néanmoins par donner des résultats si probants que personne ne songe plus au départ sur l'eau jusqu'au jour où Henri Fabre, en France, et Glenn Curtiss en Amérique, comprirent quel avenir était réservé à la navigation aéro-marine et se mirent à l'ouvrage au milieu de l'indifférence générale, souvent même des sarcasmes.

Cette remarque nous sera une occasion pour mettre en lumière le mérite de ces deux précurseurs qui eurent une avance considérable sur leurs imitateurs et dont l'œuvre, celle d'Henri Fabre notamment, est indignement pillée à l'heure actuelle.

Henri Fabre qui s'était spécialisé depuis longtemps dans les recherches d'aérodynamique et avait créé pour elles une station d'essais à Martigues, que ses études très personnelles sur la résistance de l'air, sur la qualité des ailes, sur la stabilité des cerfs-volants et des aéroplanes ainsi que sur les coques hydroplanes avaient fait connaître des aviateurs de la première heure, Henri Fabre s'attaquant au problème du départ et du retour sur l'eau, lui donna une solution qui pour ne pas avoir réussi du premier coup, n'en reste pas moins, même à l'heure actuelle, une des plus intéressantes.

Ce qui singularise en général, les conceptions d'Henri Fabre, c'est leur caractère de profonde originalité. Elles sont inspirées en outre par une connaissance très complète des exigences de la navigation marine, ce qui leur donne une grande valeur pratique confirmée d'ailleurs chaque jour par l'expérience.

La description du premier hydroplane (1) Fabre dont la place n'est pas dans cette courte notice historique est donnée en détail dans la troisième partie de cet ouvrage. Nous reproduisons dans nos gravures une photographie de l'appareil, au moment où après s'être cabré à quarante mètres de hauteur, il est tombé à pic et a fait naufrage. L'appareil est brisé, mais aucun des flotteurs n'est crevé et Fabre peut attendre dix minutes le secours du re-

---

(1) Aucun terme n'étant encore consacré par l'usage pour désigner l'aéroplane marin, nous avons choisi le mot « hydro-aéroplane » pour le titre de cette étude afin de rendre toute confusion impossible, mais nous avons adopté le mot « hydroplane » dans le corps du texte pour ne pas alourdir le langage.

morqueur. C'est le premier accident d'hydroplane, en date : il se produisit à Martigues, en mai 1910.

L'appareil avait été construit en 1908 et expérimenté sans succès l'année suivante. Ce n'est qu'en 1910 qu'il réussit quelques vols pour finir sa carrière comme il vient d'être dit.

Ajoutons du reste que l'insuccès relatif de l'hydroplane d'Henri Fabre n'est imputable en rien à la partie marine de l'appareil. Tout était nouveau en lui et sa mise au point devait porter bien plus sur la voilure que sur les flotteurs.

*
* *

De l'autre côté de l'Atlantique, un homme aussi s'ingéniait à résoudre le problème de l'aéroplane marin, c'était Glenn Curtiss.

Dès 1910, de très encourageants essais d'aviation navale avaient été entrepris dans la baie de San-Diego (Californie) avec le concours de l'escadre américaine, par l'aviateur Ely, élève de Curtiss et par Curtiss lui-même.

Mais le premier gagnant de la coupe Gordon-Bennett n'envisageait alors que la possibilité de partir et de revenir avec les moyens ordinaires d'un appareil terrien, sur le pont d'un navire spécialement aménagé.

Le 14 novembre, Ely, avec un appareil tout à fait ordinaire, muni de ses trois roues porteuses réussit à s'élever d'une plateforme dressée à son intention sur un croiseur, puis à regagner la terre ferme. Le 18 janvier 1911, il réussit l'expérience inverse ; partant de la terre ferme il vint se poser sur le navire d'où il repartit encore une fois pour la terre ferme.

Mais Curtiss comprit vite que telle n'était pas la solution d'avenir de l'aéroplane marin, et il se mit à la recherche d'un appareil susceptible de partir et de venir se reposer sur l'eau.

Il ne tarda pas, du reste, à y réussir :

Le 26 janvier 1911 il décolle sur l'eau, vole 2 kilomètres

Appareils Blériot II, III et IV.

Le croiseur *Hibernia* muni d'une plateforme pour le départ
des aéroplanes.

Le hangar du canard Voisin à bord du cuirassé *la Foudre*
de la marine française.

et redescend sur la mer : il renouvelle presque aussitôt par deux fois l'expérience et le lendemain exécute dans les mêmes conditions un vol de 3 minutes.

Le 1er février, il décrit de même à 100 pieds au-dessus des flots, un cercle de 1 kilomètre de diamètre, redescend à son point de départ, continue à glisser sur la mer, puis reprenant de la vitesse s'envole de nouveau et revient enfin s'échouer sur la plage, comme avait déjà réussi à le faire d'ailleurs Henri Fabre.

Puis les expériences reprennent : le 17 février, Curtiss s'élève de la surface de l'eau et va mouiller en mer près du croiseur *Pensylvania* qui hisse l'appareil à bord. Le biplan est ensuite redescendu sur l'eau d'où il prend son vol pour rentrer à son hangar flottant.

Enfin, le 25 du même mois, Curtiss commence à enlever des passagers.

Ce sont donc les premiers résultats, vraiment probants obtenus avec un appareil à flotteurs.

Le système flotteur dont Curtiss se sert alors comporte un flotteur hydroplane placé sous la région moyenne de la cellule portante et constitué par un caisson en feuilles métalliques montées sur un châssis en bois. La section transversale de ce châssis est rectangulaire. Les dimensions dans le sens de la marche et dans le sens perpendiculaire sont respectivement de 7 et de 6 pieds. La face supérieure du flotteur est bombée et sa face inférieure à peu près plane se présente à l'eau sous une faible incidence. C'est en somme une solution assez parente avec celle de Fabre.

En avant de ce flotteur principal et au point où se trouve fixée d'habitude la roue avant des biplans Curtiss, est fixé un autre flotteur analogue au précédent, mais plus petit.

Plus en avant encore, se trouve une sorte de bouclier protecteur, panneau entoilé de 6 pieds de large sur 2 pieds de haut et incliné à 45° : ce bouclier est destiné à protéger l'aviateur contre les éclaboussures et aussi à relever l'appareil s'il tendait à s'engager.

1.

Enfin, tout à fait à l'avant du bâti et à un pied plus bas
que le niveau du flotteur hydroplane auxiliaire, se trouve
un petit hydroplane en bois formant avec l'horizon un
angle de 25° qui sert à aider au soulèvement et à l'essor.

Tel qu'il vient d'être décrit, l'hydroplane Curtiss n'eut
qu'une courte carrière, car son constructeur ne tarda pas
à le modifier et pour le simplifier du reste prodigieuse-
ment. C'est aussi pourquoi nous l'avons décrit ici, car
son intérêt n'est qu'historique, tandis que le type simplifié qui lui succéda eut une carrière au contraire très
longue, qui lui donne droit à une description complète dans
la troisième partie de cet ouvrage.

Ce type simplifié ne comporte plus qu'un flotteur central et unique qui s'étend presque sous toute la longueur
de l'appareil.

*<br>* *

Malgré les indications précieuses fournies par les tentatives de Fabre, on ne comprend pas encore, en France,
l'intérêt de la question et Gabriel Voisin est le seul homme
à poursuivre la recherche du problème. Il s'y attache avec
une méthode qui fait honneur à son esprit d'ingénieur,
commençant par créer de toutes pièces un appareil spécial du type « canard » qu'il met au point sur roues, avec
le concours intelligent et dévoué de Colliex, avant de
le munir de flotteurs et de l'essayer sur la Seine.

C'est du reste aux flotteurs Fabre que Voisin fait appel
et en 1911, on peut voir à Billancourt, aux portes mêmes
de l'usine où il a vu le jour, le premier hydroplane français, réellement au point, partir et se reposer sur l'eau
réussir même à enlever des passagers.

Puis dès les premiers mois de 1912, Paulhan rapporte
d'Amérique l'appareil Curtiss qu'il a su découvrir et réussit du premier coup des vols intéressants sur la mer à
Juan-les-Pins.

## II. PRÉSENT

Du coup, le branle est donné : on annonce des épreuves nombreuses d'hydroplanes pour la saison qui s'ouvre et de presque toutes les usines sortent maintenant des appareils à flotteurs. Le mouvement se déchaîne même avec une telle rapidité que c'est à n'en pas croire ses yeux. Tout le monde pense si bien que l'hydroplane va donner à l'aviation l'essor qu'elle se refusait à prendre que se serait cru irrémédiablement devancé quiconque n'aurait pas sorti son appareil à flotteurs.

Le premier meeting d'hydroplanes dont il y ait lieu de faire état fut celui de Monaco.

Organisée par l'International Sporting Club de Monaco la première bataille rangée d'hydroplanes s'est déroulée sur la Méditerranée du 24 au 31 mars.

Le meeting comprenait quatre catégories d'épreuves qui étaient les suivantes :

A. — Départ en eau calme, c'est-à-dire départ devant le port pour aller virer aux bouées.

B. — Pose en eau calme, c'est-à-dire revenant du large, mouillage dans le port de Monaco.

C. — Départ en eau agitée.

D. — Pose en eau agitée.

Seuls, des biplans se présentèrent pour affronter les épreuves. Les principaux appareils concurrents sont outre le canard Voisin et le Triad Paulhan-Curtiss, dont nous avons déjà parlé, les biplans H. Farman, M. Farman, Sanchez-Besa et Caudron. Bien que ces quatre derniers en fussent pour ainsi dire à leur coup d'essai, dès le premier jour, ils réussissent à peu près convenablement les épreuves. Evidemment, tous donnent dans l'ensemble l'impression très nette de ne pas être au point, mais l'on sent fort bien qu'il en faudra peu pour les y mettre. Et en effet pendant les huit jours que durent les épreuves, ce ne sont que modifications et perfectionnements apportés nuitamment aux appareils que révèlent les épreuves du lendemain. On avance, on recule les flotteurs, on en ajoute ou on en supprime sous la queue des appareils, bref, on tâtonne, mais la manière dont les moins préparés eux-mêmes réussissent à décoller et à se reposer sur l'eau, même avec de très fortes surcharges, montre bien que le moment est venu où les difficultés du problème ne résisteront plus longtemps à l'assaut que leur donnent les constructeurs.

A la fin du meeting, le classement général s'établit comme il suit :

1er Fischer, sur Henri Farman, moteur Gnome avec 112 points.

2e Eugène Renaux sur Maurice Farman, moteur Renault avec 103 points.

3e Paulhan sur Triad Paulhan-Curtiss, moteur Curtiss avec 71 points.

4e Robinson sur Triad Paulhan-Curtiss, avec 71 points.

5e Caudron sur biplan Caudron, moteur Anzani.

Les flotteurs employés par ces différents appareils sont ceux que donne notre tableau de la page 25.

Caudron et Voisin ont des flotteurs Fabre (n° 6). Les autres sont représentés individuellement, Sanchez-Besa par le n° 1, Henri Farman par le n° 2, Maurice Farman par le n° 3, Paulhan par le n° 8.

Naturellement, Voisin poursuivi par sa traditionnelle déveine ne réussit pas à obtenir avec son appareil la place qui aurait dû lui revenir, au cours d'une épreuve en mer agitée, une lame ayant mis le canard hors d'état de continuer la lutte. Quant au Sanchez-Besa de Benoit, un de ses flotteurs crève et l'empêche de finir les épreuves.

En revanche, les décollages qu'effectuent les biplans Farman avec quatre et cinq personnes à bord montrent bien que le départ est aussi facile sur l'eau que sur terre.

Au total, les incidents qui marquent ce premier galop d'essai pris par les hydroplanes sont peu nombreux. Les enseignements qui se dégagent de l'épreuve intéressent plutôt les détails que l'ensemble. Le principe de Fabre est aussi bien défendable après le meeting que le principe des catamarans. Seulement, les hydroplanes n'ont, pour ainsi dire, pas fait leurs preuves en eau agitée. Le beau temps a favorisé les concurrents et la légère houle contre laquelle ceux-ci ont eu à se défendre n'a pas été assez rude pour consacrer l'hydroplane comme un appareil vraiment marin.

Ce n'est qu'au mois d'août suivant, dans le concours organisé entre Saint-Malo, Dinard et l'île de Jersey par l'Automobile Club de France que les hydroplanes auront affaire avec la méchanceté de la mer. Et c'est là, bien qu'il n'y eut pas à proprement parler de mer démontée que l'on put voir combien le problème de l'hydroplane marin serait long et difficile à résoudre.

Le programme des épreuves qui durent les 24, 25 et 26 août 1912 comprend deux courses de vitesse dans la baie de Saint-Malo et une course de vitesse entre Saint-Malo et l'île de Jersey avec escale obligatoire à Jersey.

Pour avantager les biplans, on a adopté le système des bonifications par nombre de passagers enlevés. Le barème choisi, assez inattendu du reste, est le suivant :

Pour un appareil emportant un passager en plus du pilote, le temps effectif du parcours sera diminué de 10/60.

Un second passager en plus du pilote donnera droit à une diminution supplémentaire de 11/60.

Un troisième passager en plus du pilote, à une diminution supplémentaire de 12/60.

Et ainsi de suite en augmentant de 1/60 la diminution effective par chaque passager supplémentaire.

Par exemple :

Un appareil qui emporterait 4 passagers ou le poids les représentant, en plus du pilote, verrait son temps diminué de :

$$\frac{10}{60} + \frac{11}{60} + \frac{12}{60} + \frac{13}{60} = \frac{46}{60}$$

Nous supposons le lecteur assez éclairé pour juger lui-même non seulement ce que cette méthode de compensation a d'arbitraire, mais combien elle tend vers l'absurde, car il est facile de voir que si un appareil avait enlevé six passagers, son temps fictif aurait été négatif. Il aurait dû être considéré, aux termes du règlement, comme étant arrivé avant d'être parti.

La liste des appareils et pilotes engagés était la suivante

Molla (Robert Esnault-Pelterie).
Train (Astra-Train).
C.-T. Weymann (Nieuport).
Jean Benoist (Sanchez-Besa).
Marcel Chambenois (Borel).
André Beaumont (Donnet-Lévêque).
Guillaume Busson (Deperdussin).
Eugène Renaux (Maurice Farman).
René Labouret (Astra).
Barra (Paulhan-Curtiss).
Mesguich (Paulhan-Curtiss).

Le Rep, le Train, le Nieuport, Borel et Deperdussin sont des monoplans : c'est la première fois que des monoplans hydroplanes affrontent une épreuve publique.

La première journée est marquée par la victoire de Labouret sur Astra, grâce aux deux passagers qu'il enlève. Quant au meilleur temps, il est effectué par Molla, sur son monoplan Rep.

La mer est légèrement agitée, aussi trois naufrages sont-ils à enregistrer dès la première sortie. La leçon qui se dégage de cette première journée, c'est qu'en mer, l'hydroplane a besoin d'une grande stabilité et que cette stabilité, ce sont les flotteurs en catamaran qui la procurent le plus avantageusement.

Le deuxième jour, six appareils seulement prennent encore part à l'épreuve. Les uns ont été mis hors de course la veille, les autres trop hâtivement préparés ne sont pas suffisamment au point.

L'épreuve est gagnée par Jean Benoist sur Sanchez-Besa avec trois passagers, le meilleur temps étant encore effectué par Molla.

Enfin, le troisième jour se dispute la course Saint-Malo-Jersey et retour.

Le vent est fort et la mer assez dure. Mais les concurrents n'ont à partir et à se reposer que dans des ports; ils n'affrontent pas, en navigant, la pleine mer.

L'épreuve est gagnée par Weymann sur Nieuport, mais dans le classement général du meeting effectué par points, la palme revient à Labouret, sur Astra, suivi par Jean Benoist sur Sanchez-Besa, Molla sur Rep, Renaux sur M. Farman, Weymann sur Nieuport, Mesguich sur Paulhan-Curtiss.

C'est le dernier meeting de l'année disputé en eau salée. Mais la saison ne se ferme que sur le meeting de Tamise, en Belgique, organisé par l'Aéro-Club de Belgique, dans le but de faire connaître l'appareil le plus apte à être utilisé au Congo. Le caractère de cette épreuve est donc purement pratique, ce qui lui vaut d'ailleurs un grand nombre d'adhésions de la part des constructeurs.

Les engagés se dénombrent en effet comme il suit :

Neuf biplans :

1. *Triad Paulhan-Curtiss*, moteur Curtiss, 85 HP. Pilote : BARRA.

2. *Triad Paulhan-Curtiss*, moteur Curtiss 85 HP. Pilote : MOLLIEN.

3. Biplan *Lanser*, moteur Gnome, 70 HP. Pilote : LANSER.

4. Biplan *Jero*, moteur Gnome 70 HP. Pilote : VERSCHAEVE.

5. Biplan *Maurice Farman*, moteur Renault, 70 HP. Pilote : RENAUX.

6. Biplan *Sanchez-Besa*, moteur Renault, 100 HP. Pilote : J. BENOIST.

7. Biplan *Sanchez-Besa*, moteur Renault, 70 HP.

8. Biplan *Donnet-Lévêque*, moteur Gnome 80 HP. Pilote : BEAUMONT.

9. Biplan Aviatic *Autovia*, moteur Aviatic, 100 HP. Pilote : B. Bucnow.

Six monoplans :

1. Monoplan *Nieuport*, moteur Gnome, 100 HP. Pilote : GOBÉ.

2. Monoplan *Nieuport*, moteur Gnome, 100 HP. Pilote : WEYMANN.

3. Monoplan Rep, moteur Gnome, 80 HP. Pilote : MOLLA.

4. Monoplan *Astra-Train*, moteur Gnome, 80 HP. Pilote : GAUBERT.

5. Monoplan *Borel*, moteur Gnome, 80 HP. Pilote : CHEMET.

6. Monoplan *De Brouckère*, moteur Gnome, 100 HP.

Les épreuves sont très diverses : totalisation, décollage, distance sans escale, navigabilité.

Le mauvais temps contrarie le meeting dont l'organisation, du reste, laisse à désirer; néanmoins, les performances réalisées sont assez intéressantes.

Un seul accident endeuille la fête : c'est un appareil forcé d'atterrir sur terre ferme par une panne de moteur.

Le meeting se termine par la victoire très nette de Chemet sur monoplan Borel. Le monoplan Borel, décrit dans la troisième partie, fit preuve, dans l'ensemble, de qualités pratiques remarquables. Sa victoire était d'autant plus justifiée que le monoplan Borel avait été en date, le premier monoplan essayé avec flotteurs.

Pour la troisième fois, et bien que sur l'eau calme, les flotteurs en catamaran montrent leur supériorité.

Mais le dernier mot sur la question n'est pas dit : c'est là tout simplement qu'en sont les choses aujourd'hui, et en conclure quoi que ce soit, serait une grave imprudence.

Le premier accident d'hydroplane.

L'hydroplane H. Fabre.

Les flotteurs Fabre appliqués au biplan Caudron, de Monaco.

### III. AVENIR

Quel est l'avenir réservé à l'hydroplane? c'est la question que croient en général pouvoir résoudre tous ceux qui se mettent à écrire sur la question. Comme il n'en coûte rien de faire le prophète on a maintes fois prédit à la nouvelle locomotion une destinée mirobolante.

Il se peut en effet que l'hydroplane, à une heure où l'on est de plus en plus avide de divertissements nouveaux, fasse naître un mode spécial de tourisme, le tourisme aéronautique, spécialement dans les contrées favorisées par l'abondance des eaux dormantes ou des rivières au cours tranquille. Il ne semble pas cependant, si l'on y regarde de près, que ce soit là un débouché de nature à donner à l'industrie de l'hydroplane, l'extension qu'on se plaît souvent à lui prédire. L'hydroplane, dans le cas particulier du tourisme aérien, ne peut se recommander vis-à-vis de l'aéroplane ordinaire que d'un avantage : le moindre danger au moment de reprendre contact avec le sol. Or, ce n'est pas la préférence pour un bain froid qui peut être suivi du reste d'une noyade, à une chute brutale sur le sol qui peut aussi bien vous laisser indemne que vous tuer sur le coup qui décidera en masse les touristes à adopter le mode aérien. Pour faire du public sa clientèle, l'aéroplane a besoin d'une autre garantie de sécurité que celle-là. Rien ne permet de douter que cette garantie lui viendra un jour, mais ce n'est pas la possibilité de se poser sur l'eau qui paraît devoir l'avancer de beaucoup.

Du reste, non seulement, chez nous du moins, les rivières sont rares, mais elles sont souvent sinueuses, torrentielles ou bordées d'arbres. Enfin, il faudrait souvent que les rives en fussent aménagées, non seulement pour qu'un appareil put être tiré hors de l'eau, mais tout au moins pour qu'il pût aborder et laisser à ses passagers la commodité d'aller à terre.

Ce ne sont là, il est vrai, que de simples questions d'adaptation qu'il ne faut pas désespérer de voir résoudre, car le tourisme que nous envisageons serait pour les vrais gens de sport, du moins, d'un considérable agrément.

Quant à faire de l'aéroplane un appareil mixte susceptible d'atterrir aussi bien sur l'eau que sur terre ferme, c'est loin d'être d'une réalisation impossible. Mais il est à prévoir que le pilote d'un tel appareil, n'aurait-il muni celui-ci de roues qu'en prévision d'un atterrissage forcé sur la terre, préférera malgré tout, neuf fois sur dix, risquer le contact avec le sol qu'avec l'eau, d'abord, parce qu'il trouvera plus aisément un terrain propice qu'une étendue d'eau assez vaste, ensuite parce qu'à moins d'exceptions, il ne trouvera pas d'eau dans le voisinage immédiat du point qu'il veut atteindre, enfin parce qu'après une descente sur l'eau, il lui faudrait recourir trop souvent à une embarcation pour gagner la terre ferme.

De ce fait l'hydroplane perdrait à peu près tout son caractère d'appareil aquatique : l'exception ne serait plus le contact avec le sol mais bien avec l'eau.

*
* *

Heureusement, d'autres horizons s'ouvrent à l'hydroplane. Il y a d'abord l'hydroplane colonial : enfin l'hydroplane maritime.

Aux colonies, utilisation peut être faite de l'hydroplane pour trois besoins différents : exploration, chasse et pêche transport de la poste.

On conçoit très bien que pour ces trois applications spéciales les conditions d'emploi sont toutes différentes de ce qu'elles peuvent être dans nos contrées. Plus d'exigences imposées par le confort et la commodité à respecter, plus de point fixe à atteindre (sauf pour la poste), plus de minces filets d'eau mais de grandes étendues, dans la majorité des cas.

Pour l'exploration, les cours d'eau sont la voie naturelle

d'accès aux régions impénétrables : l'hydroplane augmentera la rapidité et la sécurité de cet accès.

Pour la chasse, le voisinage des cours d'eau est bien souvent le terrain le plus propice : l'hydroplane permettra aux chasseurs de se rendre rapidement sur le terrain voulu, de s'y faire ravitailler, de regagner leur campement.

Pour le transport de la poste, la voie fluviale est encore la plus désignée : l'hydroplane permettra d'augmenter considérablement la vitesse de ce transport et d'en diminuer le prix sans en compromettre par trop la sécurité.

De ce côté-là, l'emploi de l'appareil hydroplane est sans conteste appelé à un grand développement, à la condition que ce développement soit poussé d'une manière rationnelle et méthodique.

*<br>* *

Reste l'hydroplane marin. Ici les plus grandes espérances sont permises, tant par l'intérêt commercial que par l'intérêt militaire présenté par la question. Mais nous avons dit au début que le métier de prophète était trop facile pour que risquer ici une peinture de l'avenir ne soit pas nous mettre en contradiction flagrante avec le principe posé. Du reste, comme il est à peu près impossible à qui que ce soit de démêler l'utopie des réalités d'un jour à venir, il vaut mieux se contenter d'attendre sans chercher à prévoir. Il faut laisser l'évolution suivre son cours et tâcher simplement de se trouver dans le lot de ceux qui ne se laissent pas devancer par elle, sans chercher à savoir ce que nos petits enfants pourront bien ajouter à nos découvertes.

Seulement, il y a ici un point important à signaler sur lequel nous terminerons cette courte revue des possibilités de demain, mais sur lequel aussi il faut insister parce qu'il ne paraît pas être suffisamment pris en considération.

L'hydroplane marin ne paraît pas en effet pouvoir être confondu avec l'hydroplane fluvial ou lacustre. Non seulement leur utilisation sera si différente qu'à des besoins différents devront répondre des dispositions différentes, mais les conditions de la navigation à la surface des eaux tranquilles et à la surface de la mer agitée sont si profondément distinctes, qu'il ne paraît pas raisonnable de vouloir confondre sous les mêmes traits caractéristiques les deux types d'appareils.

Encore une fois, ce n'est pas tellement la différence d'utilisation que la différence des circonstances d'emploi qui impose la séparation en question. Car la mer, la mer agitée du moins, même simplement houleuse est un bien autre terrain que l'eau tranquille. La théorie et l'expérience sont d'accord pour prêter aux engins destinés à l'un et à l'autre des caractéristiques différentes. C'est pourquoi il se pourrait bien que poursuivre la réalisation d'un appareil mixte destiné aussi bien à la mer qu'aux fleuves et aux lacs fît faire fausse route.

La réalisation d'un appareil fluvial ne comporte qu'une très faible proportion des difficultés que comporte la réalisation d'un appareil marin ; aussi est-on en droit de se demander si la recherche simultanée des deux problèmes n'est pas un obstacle à la solution du premier qui pourrait en peu de temps et à peu de frais, être correctement résolu.

Il ne faut pas se dissimuler que la seule ressource dont on dispose pour « tenir la mer » suivant l'expression consacrée, c'est d'augmenter « le tonnage », c'est-à-dire le volume et le poids, et par conséquent la puissance des engins qui se déplacent à sa surface. Ce ne sont ni des questions d'agencement, ni des questions de forme qui permettent de résister au mouvement des vagues, ce sont des questions de dimensions. Or, nous sommes encore bien loin d'avoir des appareils d'une capacité suffisante pour que la difficulté soit de sitôt résolue. Ce n'est que par un acheminement progressif qu'il faut espérer réussir à se rendre maître de la mer tandis qu'il en faut actuellement très peu aux hydroplanes pour réussir à bien se comporter sur l'eau calme. Et l'on ne peut attribuer qu'à une méconnaissance complète des choses de la mer l'opinion assez courante qu'un bon appareil fluvial fera un bon appareil marin.

Il suffit, pour bien voir l'abîme qui les sépare l'un de l'autre, de savoir avec quelle facilité les canots glisseurs en particulier, et tous les petits engins de locomotion rapide à la surface de l'eau en général, sont malmenés par la simple houle alors qu'ils se comportent si bien en eau tranquille. Si les dispositions constructives y sont naturellement pour un peu dans cette différence, il n'en est pas moins vrai que la légèreté est un obstacle à la bonne tenue en mer. Aussi est-il fort possible que le dernier mot de la question soit la réalisation pure et simple du *torpilleur ailé*, car ce n'est guère qu'à partir du tonnage d'un torpilleur que l'on peut espérer arriver à posséder en mer agitée, l'assiette suffisante pour naviguer sans dommage à grande vitesse.

Comme l'usage de l'hydroplane en mer (transport ou arme de combat) implique nécessairement une forte capacité tandis que l'usage de l'hydroplane fluvial implique au contraire la légèreté et le faible tirant d'eau, les caractéristiques répondant à l'un et à l'autre appareil sont nettement différentes.

C'est pourquoi il faut les distinguer.

Comme il n'y a pas de raison pour qu'un appareil fluvial ne puisse pas aller en mer par beau temps ni pour qu'un appareil marin vienne accidentellement se poser sur un fleuve ou un lac, il n'y a pas, semble-t-il, d'hésitation à avoir sur la nécessité de la séparation. Ce serait retarder considérablement la solution de l'un ou de l'autre que de ne pas poursuivre, d'une manière absolument distincte la recherche des deux problèmes.

---

# DEUXIÈME PARTIE

# NATURE DU PROBLÊME DE LA NAVIGATION AÉRO-MARINE. CLASSIFICATION DES FLOTTEURS. AVANTAGES ET INCONVÉNIENTS DE CHAQUE TYPE. CONSTRUCTION (1).

A vrai dire, le problème du départ d'un aéroplane sur l'eau tranquille ne comportait pas de difficultés énormes. La mise au point d'un appareil étant faite pour le démarrage en roulant, il ne restait qu'à substituer aux roues des organes susceptibles d'assurer son soutien sur l'eau et de ne pas gêner, de favoriser même sa mise en vitesse.

Bien que le poids des flotteurs soit sensiblement plus élevé que le poids des roues, les questions de centrage n'étant pas sensiblement altérées par cette substitution, pas plus d'ailleurs que les autres questions intéressant le vol, la transformation d'un appareil terrien en appareil marin peut s'effectuer pour ainsi dire du jour au lendemain pour n'importe quel appareil. Mais il est évident qu'un appareil étudié spécialement en vue d'une utilisation marine doit arriver sans peine à présenter plus d'homogénéité qu'un appareil transformé.

Or, l'homogénéité est la source de bien des qualités. Dans cet ordre d'idées l'appareil Donnet-Lévêque, est le modèle du genre. Mais nous y reviendrons.

(1) Un certain nombre des chapitres de cette 2ᵉ partie ainsi que quelques figures ont paru en articles, sous la signature de l'auteur, dans le journal l'*Aéro*.

Les flotteurs d'hydroplanes doivent satisfaire à un certain nombre de conditions qui sont si difficilement conciliables les unes avec les autres que la solution définitive du problème se fera sans aucun doute attendre encore un certain temps.

Les principales de ces conditions sont les suivantes :

1° Un déplacement d'eau suffisant pour soutenir le poids de l'appareil au repos ;

2° Une forme permettant un rapide déjaugeage en vitesse ;

3° Une forme présentant à la pénétration dans l'air le minimum de résistance ;

4° Une forme « n'engageant » pas, c'est-à-dire ne donnant au flotteur aucune tendance à s'enfoncer davantage quand il se trouve accidentellement immergé ;

5° Une légèreté aussi grande que possible et un maître couple longitudinal incapable de figurer une surface de dérive nuisible ;

6° Une étanchéité et une résistance suffisantes pour ne pas « prendre l'eau » d'une part et pour pouvoir subir l'accroc des herbages, d'un haut-fond ou d'un corps flottant et à la rigueur pour permettre un atterrissage sur terre ferme en cas de besoin.

On peut grouper en trois grandes familles, les flotteurs actuellement employés par les constructeurs d'hydroplanes.

La première procède de l'école Fabre ;

La deuxième comprend les flotteurs dits « en catamaran » ;

La troisième comprend les coques-fuselages.

## Les flotteurs Fabre

Les flotteurs Fabre furent employés tour à tour par Fabre lui-même qui fut dès 1910, nous l'avons dit, le

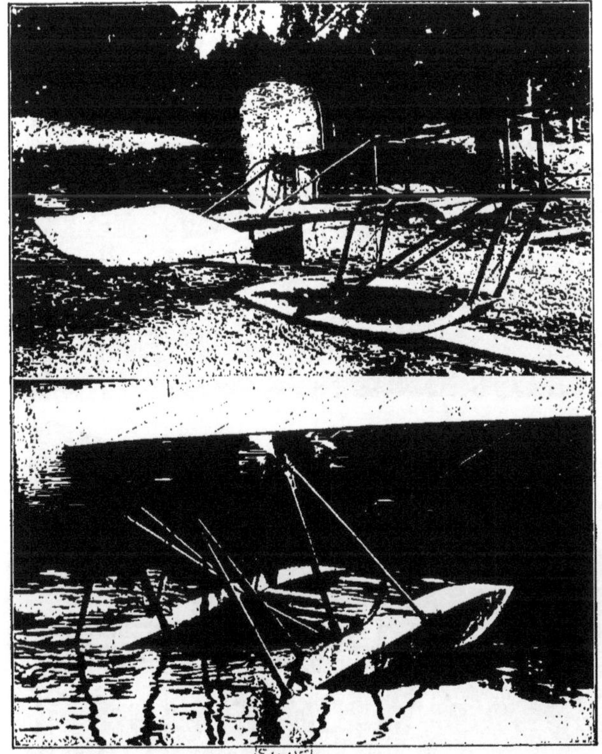

Les flotteurs arrière et avant du premier appareil Borel.

Les flotteurs avant et arrière du monoplan Nieuport.

premier à décoller avec un hydroplane ; par Gabriel Voisin sur son Canard qui fit sur la Seine les vols dont nous avons parlé ; par les frères Caudron sur leur biplan, par Train, Esnault-Pelterie et quelques autres.

Les flotteurs Fabre sont caractérisés par la forme aplatie par dessous et arrondie par dessus du flotteur et par l'incidence légère avec laquelle ils se présentent à l'eau. Leur surface hydroplanante est donc constituée par le fond même du flotteur.

Entre autres avantages, les flotteurs de ce type ont le mérite de permettre un déjaugeage rapide et de former dans l'air surface portante, sans nuire exagérément à la pénétration, attendu qu'ils s'y présentent à peu près comme une portion d'aile Antoinette par exemple, dont la section caractéristique est bien connue.

La forme des flotteurs Fabre a encore le mérite d'agir comme surface hydroplanante même si le flotteur se trouve complètement immergé. Aussi peut-il disparaître à travers une vague, il n'engagera pas, mais recevra au contraire, par le fait de sa vitesse, une poussée verticale de bas en haut plus énergique que jamais.

D'ordinaire ce type de surface hydroplanante a le grand inconvénient de donner lieu, en vitesse, à des chocs très durs, dès qu'il rencontre les moindres vagues : la surface portante en contact avec l'eau qui n'est que de quelques décimètres carrés en vitesse, se trouve instantanément décuplée à la moindre dénivellation de l'eau, cela en raison de la faible inclinaison de la surface sur l'horizontale ; le flotteur reçoit alors des chocs formidables de bas en haut qui tendent à le soulever avec violence. Pour absorber ces chocs dangereux, les flotteurs Fabre ont la surface portante souple ; cette surface est constituée par une feuille de bois contreplaqué en trois épaisseurs qui travaille à la manière d'une peau de tambour. De la sorte l'ossature même du flotteur est préservée des chocs trop brutaux des vagues, comme la roue et l'essieu d'une voiture sont préservés par le pneumatique des chocs de la route. Du reste les flotteurs eux-mêmes sont souvent montés sur l'appareil par l'intermédiaire d'organes élastiques, des ressorts en boudin notamment (Voisin).

Enfin les flotteurs Fabre ont un faible tirant d'eau qui ne dépasse pas 0 m. 25 au repos et qui s'annule en vitesse. En outre la forme fuyante de leur dessous permet de passer sans inconvénient sur les algues, filets ou autres corps flottants ainsi que de s'échouer à volonté, même en vitesse.

Le principe même sur lequel repose la construction des surfaces hydroplanantes Henri Fabre en permet le fractionnement à volonté, ce qui rend possible, en en employant trois, d'assurer à un appareil toute la stabilité désirable sur l'eau, tant dans le sens latéral que longitudinal. En général, on dispose deux flotteurs latéraux sous les surfaces portantes principales et un troisième flotteur à l'avant ou à l'arrière, suivant que l'appareil est du type Canard ou du type ordinaire.

C'est avec les flotteurs de ce genre que le travail de mise au point est le plus aisé et le plus rapide ; les variations d'incidence et les changements de position sont faciles à exécuter. Enfin le montage et le démontage et la substitution des roues aux flotteurs et inversement sont également faciles à exécuter.

### Les flotteurs en catamaran.

Le deuxième groupe comprend les flotteurs dits en catamaran. Ils sont employés par paires et sont à section rectangulaire ou arrondie avec bord avant en sifflet (H. Farman) relevé (Borel) ou en obus aplati (Nieuport). Ce sont vraisemblablement ceux qui présentent au vol la moindre résistance à la pénétration ; ils se déjaugent assez vite, mais ne laissent pas à l'appareil la même liberté pour trouver son incidence d'envol que les précédents.

On sait qu'un appareil au repos se présente sous une incidence beaucoup plus considérable, par rapport à l'horizontale, que dans toute autre position ; que pendant la période de lancée il doit présenter à l'air une incidence nulle pour pouvoir gagner de la vitesse et qu'enfin, au moment

de s'enlever, il doit de nouveau se cabrer pour se présenter
à l'air sous son incidence normale de vol. Le passage suc-
cessif d'une de ces positions, à une autre s'effectue très
aisément à l'aide du gouvernail de profondeur quand l'appareil roule sur le sol, parce qu'il possède toute la liberté
voulue pour pivoter autour de l'axe de ses roues. Avec des
flotteurs en catamaran il en serait différemment (et à
plus forte raison avec ceux de la troisième catégorie que
nous verrons plus loin à cause de leur trop grande longueur.

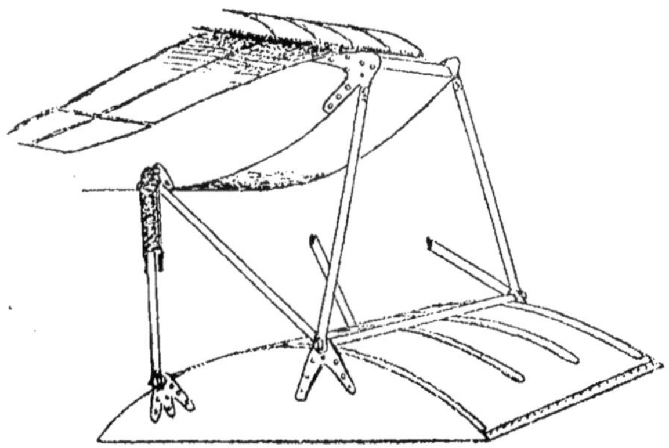

Vue du montage élastique d'un flotteur Fabre sur l'avant
du canard Voisin.

C'est alors que le « redan » en créant un bord de dégage
ment que l'on peut placer à l'endroit le plus propice solu-
tionne souvent la difficulté, bien que son emploi ne soit
pas absolument de rigueur, dans le cas présent et que son
efficacité soit souvent discutée. Ses propriétés seront d'ailleurs commentées un peu plus loin, à propos des flotteurs
du troisième groupe.

Les flotteurs en catamaran sont les plus souvent em-
ployés : ils le sont notamment par Borel, Nieuport,
H. Farman, M. Farman, Sanchez-Besa, Goupy, Astra,
Savary, Graham White, Wright, etc.

On place souvent à l'avant des flotteurs en catamaran deux petits ailerons destinés quelquefois à briser le remous provoqué par le passage dans l'eau de la proue du flotteur pour préserver l'hélice, mais plus souvent à empêcher le flotteur de s'engager s'il vient à être accidentellement immergé. Ces ailerons travaillent alors dans l'eau, à la manière d'un gouvernail de profondeur. Dans le tableau ci-contre celui qui porte le n° 1 schématise le flotteur dont était muni l'appareil Sanchez-Besa à Monaco. Sa forme, très fuyante et avantageuse dans l'air, présente

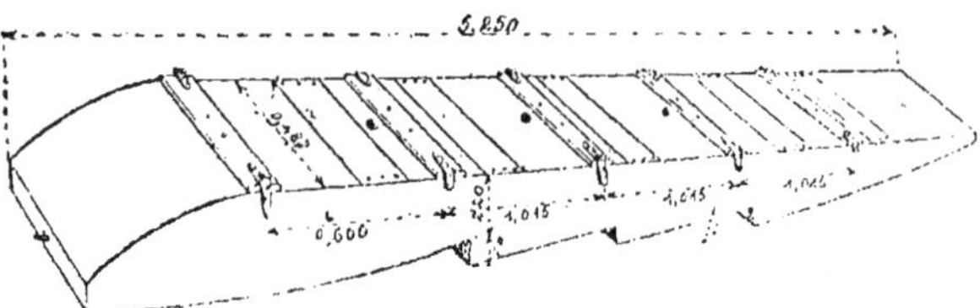

Flotteurs de l'hydro-aéroplane Wright.

d'assez grandes qualités dans l'eau. Malgré la longueur du flotteur et l'absence de redan l'appareil jouit d'une liberté suffisante pour prendre son vol grâce à la ligne courbe qui dessine le dessous du flotteur.

Le numéro 2 représente le flotteur du biplan Henri Farman. Sa forme géométrique, peut-être un peu moins convenable dans l'air, a donné cependant de très bons résultats.

La figure 3 schématise le flotteur Maurice Farman dit en fer à repasser. Sa forme est assez particulière et les résultats qu'il donne sont bons.

Viennent ensuite (4) les flotteurs avant et arrière des monoplans Borel. Les flotteurs avant sont beaucoup plus courts que ceux des biplans précédents et sont munis d'un redan. Le flotteur arrière a la même forme générale que ceux d'avant mais sans redan. Leur bec relevé leur permet d'affronter le clapotis sans danger.

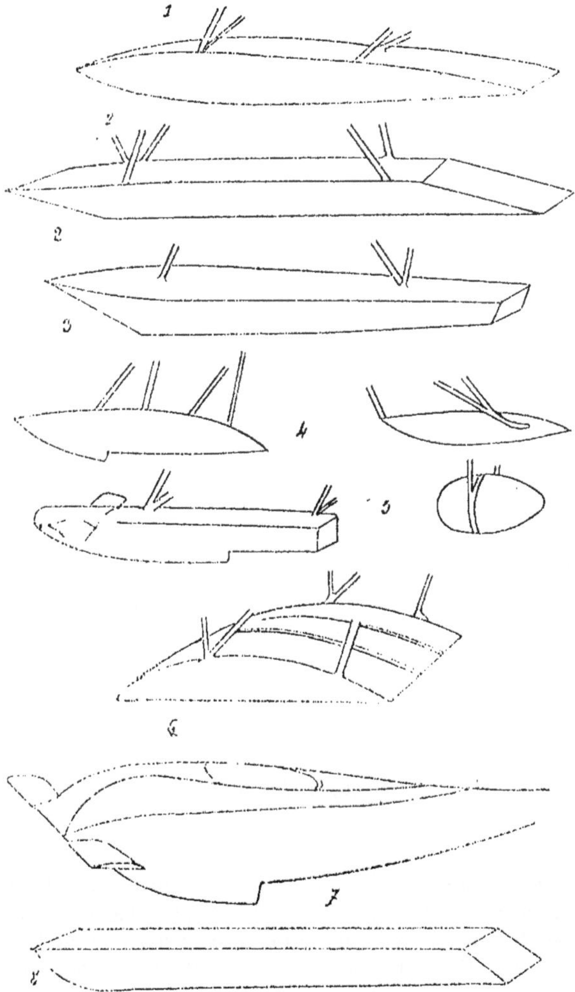

Différents modèles de flotteurs

1. Sanchez-Besa. — 2. H. Farman. — 3. M. Farman. — 4. Borel.
5. Nieuport. — 6. Fabre. — 7. Donnet-Lévêque. — 8. Paulhan-Curtiss.

Le numéro 5 est un flotteur Nieuport à redan également avec l'avant arrondi. Il porte deux ailerons dont nous avons précédemment dit l'usage. Quant au flotteur arrière de Nieuport, il a la forme d'un œuf très allongé ; il ne sert d'ailleurs à l'appareil qu'au repos.

On se rend compte que tout en conservant les caractéristiques du flotteur dit en catamaran, c'est-à-dire de forme étroite et allongée, on peut varier à l'infini les contours et les sections. C'est ainsi que les flotteurs de Graham White, par exemple, tout en ressemblant à ceux de Sanchez-Besa, ont le maître couple reporté vers l'arrière, tandis que leur avant est beaucoup plus effilé et sur une longueur plus grande. A l'heure actuelle, il n'est guère possible de dire lequel des flotteurs de cette famille donne les meilleurs résultats.

D'une manière générale, les flotteurs en catamaran se prêtent à une bonne stabilité de l'appareil sur l'eau car il n'y a pour ainsi dire pas d'obstacle à l'écartement latéral des deux flotteurs avant, de sorte que l'on peut toujours garantir l'appareil contre les effets du roulis ou d'un atterrissage un peu penché. C'est aussi pourquoi on reconnaît en général que, jusqu'ici du moins, c'est le dispositif à trois flotteurs qui convient le mieux à la mer : mais les flotteurs de la troisième catégorie n'ont pas dit leur dernier mot.

### *Les coques-fuselages.*

La coque-fuselage est certainement la conception la plus avancée en matière de flotteur d'hydroplane. Tout porte à croire, en raison de l'unité, de l'homogénéité que présente un appareil équipé de cette façon que c'est la solution de l'avenir ; mais il s'en faut pour que les appareils d'aujourd'hui soient définitifs.

Le premier en date des appareils à coque-fuselage qui ait été essayé avec succès est l'appareil connu sous le nom de Donnet-Lévêque.

La photographie que nous en reproduisons donne une idée complète des dispositions adoptées. Cet appareil, dont nous offrons dans la troisième partie une description complète, est en somme un biplan ordinaire dont le fuselage généralement disposé entre les deux plans a été descendu au-dessous du plan inférieur et rendu complètement étanche de façon à pouvoir naviguer.

Tous les organes principaux et le pilote lui-même sont contenus à l'intérieur de la coque de telle sorte que les résistances, en vol, ne sont pas augmentées et que l'appareil ne perd rien de sa qualité aérienne en devenant marin.

Trois autres appareils à coque qui méritent d'être mentionnés et qui sont également décrits dans la troisième partie sont le nouveau biplan Curtiss, le biplan Bedelia, et le d'Artois. Bien que tout différents les uns des autres, ils ont quelques caractères communs qui permettent de les grouper dans la même catégorie.

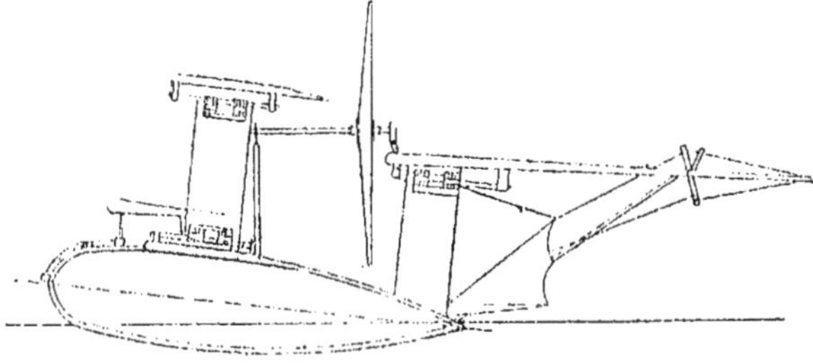
Schéma de l'hydro-aéroplane Bedelia.

Jusqu'ici l'application de la coque-fuselage aux monoplans a rencontré de trop grandes difficultés pour donner satisfaction ; mais il est à prévoir cependant que la solution de ces difficultés n'est qu'une question de jours.

Il ne faut pas se dissimuler cependant, qu'en mer, notamment, la difficulté d'obtenir une bonne stabilité n'est pas mince et qu'il faut en outre une coque d'une solidité exceptionnelle pour résister à l'effort des vagues.

Mais ce ne sont pas là les seules difficultés qui tiennent

en échec l'application des coques-fuselages aux aéroplanes. En effet, si des dispositions particulières ne sont pas
adoptées, il y a pour l'appareil nécessité absolue de décoller parallèlement à la ligne de flottaison, en raison de
la longueur de la coque qui ne permet pas une autre orientation de l'appareil par rapport à l'horizontale.

Dans un aéroplane en plein vol, toutes les forces qui
s'exercent sur l'appareil sont à rapporter à son centre

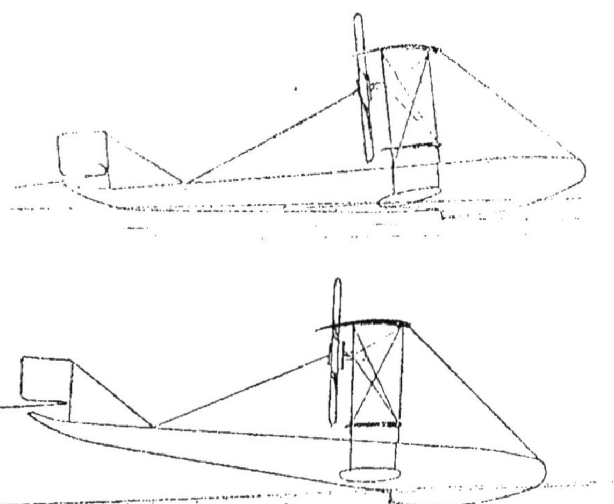

Schémas montrant le véritable rôle du redan dans les coques d'hydroplanes

de gravité : dans un aéroplane qui roule sur le sol, ces
forces sont à rapporter à l'axe des roues ; dans un hydroplane qui glisse sur l'eau, ces mêmes forces sont à rapporter au centre de gravité de la partie du flotteur immergée. C'est pourquoi, l'étude d'un appareil étant faite
pour le plein vol, il faut que les roues soient le plus possible à l'aplomb du centre de gravité pour que le décollage
c'est-à-dire le passage du régime de lancée au régime de
vol s'effectue sans perturbation. C'est aussi pourquoi
il y a intérêt à ce que le centre de gravité de la partie

Le biplan Caudron en pleinvol.

Flotteurs Farman.

L'hydroplane Curtiss, dernier modèle.

Appareil Maurice Farman.

immergée du flotteur, au moment du décollage définitif, soit lui-même à l'aplomb du centre de gravité de l'appareil.

Or, si cette condition est aisée à remplir avec les flotteurs Fabre par exemple, un peu plus difficile avec les flotteurs en catamaran, elle serait impossible à remplir avec un flotteur aussi long que l'appareil, si aucune disposition particulière n'était prise. Cette disposition particulière : c'est le redan.

Ainsi, sur l'appareil Donnet-Lévêque qui en est muni, à partir du moment où l'appareil commence à glisser jusqu'au moment de l'envol définitif, la ligne de flottaison change complètement d'orientation. La ligne de flottaison de la coque au repos sur l'eau n'est pas du tout parallèle à la ligne de flottaison en pleine vitesse. Ces deux lignes font entre elles un angle supérieur à 20°. En effet, tandis qu'au repos la queue est entièrement dans l'eau et que les plans font alors un angle très prononcé avec l'horizon (ce qui est très intéressant pour l'atterrissage) à l'envol, la partie de la coque antérieure au redan est alors seule immergée et la ligne de flottaison presque parallèle à la corde des ailes.

L'appareil Donnet-Lévêque se comporte donc exactement au démarrage, comme un appareil à roues.

Un appareil dont la coque aurait la même longueur mais serait sans redan (le nouveau Curtiss est un peu dans ce cas) devrait démarrer « en force » suivant l'expression consacrée, c'est-à-dire avec beaucoup plus de difficultés et sur un parcours beaucoup plus long.

Ainsi le rôle du redan en hydro-aviation est nettement défini par l'exemple qui vient d'être cité et commenté. Ce rôle ne saurait en aucune manière être différent de celui-là, malgré les discussions qui règnent encore à ce sujet.

On n'est pas toujours d'accord en effet, sur les avantages que procure l'adoption d'un redan sur une coque à fond plat. Il semble cependant que si la discussion est permise en matière de canots glisseurs, elle ne l'est pas

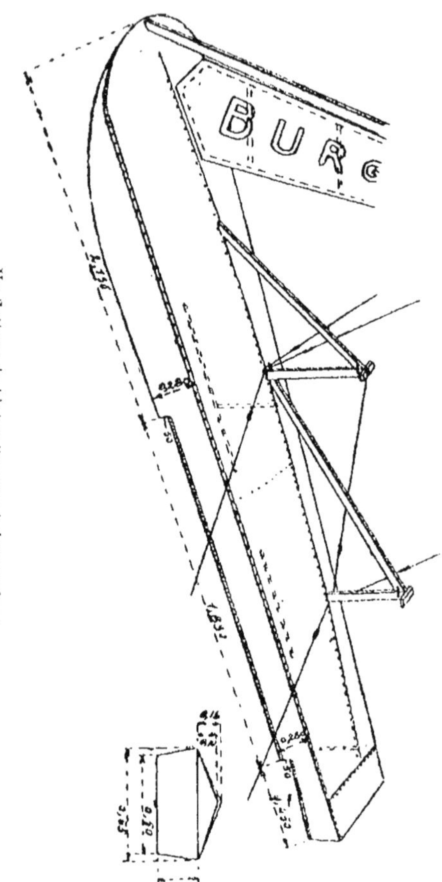

Un flotteur du biplan Burgess à deux redans.

en matière d'aviation marine, où la destination du redan n'a presque pas de parenté avec sa destination dans le premier cas.

Dans l'esprit de son inventeur, un pasteur anglais le Révérend Père Ramus qui en 1872, présenta les plans d'un bateau glisseur à redan au directeur des constructions navales de l'amirauté, le redan n'avait pas d'autre raison d'être que de faciliter le déjaugeage en permettant à la coque de se soustraire sur une bonne partie de sa longueur au frottement de l'eau, frottement qui ne devait avoir aucune efficacité sustentatrice à partir du moment où la ligne se relevait.

En outre le redan devait assurer une certaine stabilité longitudinale en localisant les points de contact de la coque avec l'eau en vitesse, en délimitant nettement les régions immergées ce qui aurait été impossible avec des coques simplement convexes par dessous, au moment du déjaugeage.

Le Révérend Père Ramus avait dressé les plans de deux glisseurs, le *Bisphénic* à un seul redan et le *Polysphénic* à trois redans.

Plus tard, Tornycroft et Ader prirent tour à tour des brevets pour faciliter encore le déjaugeage des glisseurs à redan en opérant sous la coque des injections d'air comprimé. On prévoyait en effet à la couche d'air emprisonnée entre l'eau et la coque en arrière du redan une propriété sustentatrice assez hypothétique.

En réalité, il y a lieu de considérer une coque à redan. simplement comme un ensemble formé de deux surfaces obliques de sustentation *en tandem*. Tandis qu'en aviation on *étage* les surfaces de sustentation, en marine, on les juxtapose. On construit des coques à redan pour la même raison qu'on construit des aéroplanes biplans et triplans. Il y a une analogie assez complète entre ces deux particularités de la construction marine et aérienne

On sait les propriétés des canots automobiles à redan. A une certaine vitesse, la composante de soulèvement due à la pression de l'eau sur les plans inclinés de la coque

fait émerger la coque presque tout entière. Mais alors
la pesanteur reprend ses droits et la coque retombe dans
l'eau sur laquelle elle prend appui pour un nouveau bond.
C'est pourquoi les glisseurs à redan ont une marche sacca-
dée si désagréable.

Quant à la tenue en mer, elle ne peut pas être satisfaisante attendu que les moindres lames ont pour effet
de modifier d'une façon considérable l'angle sous lequel
se présente la surface inclinée de la coque.

On conçoit très bien d'après ce qui vient d'être dit,
que le redan sur les aéroplanes à flotteurs doit avoir une
autre destination. Au moment où il décolle, l'appareil
marin n'a pas besoin pour être stable, d'avoir, comme le
canot automobile, deux surfaces de contact avec l'eau,
éloignées l'une de l'autre. Il se stabilise avec ses empennages. Mais en revanche, ce qui importe, c'est que le centre
de poussée soit bien localisé.

Avec un flotteur simplement convexe par-dessous
l'équilibre ne serait pas satisfaisant. Pendant le glissement sur l'eau, il pourrait y avoir difficultés, le centre
de poussée se déplaçant de plus en plus vers l'arrière à
mesure que l'appareil se déjaugerait. Les choses se passe-
raient comme si l'appareil roulant sur terre, les roues
reculaient peu à peu.

Avec le redan, dès que le pilote a amené la corde de
ses ailes parallèle à l'horizon pour prendre de la vitesse,
la partie arrière du flotteur est hors de l'eau, la partie
antérieure au redan restant seule immergée Le centre
de poussée en arrive donc tout de suite à occuper
une position qu'il ne quittera plus jusqu'à l'envol définitif.

Il en résulte que l'emploi du redan ne se justifie qu'avec
les flotteurs un peu longs et que la position du redan doit
être à peine en avant du centre de gravité.

Dans toute autre condition, on ne voit guère comment
justifier l'emploi du redan en hydro-aviation.

## Construction des flotteurs

Les conditions que doivent remplir de bons flotteurs d'hydroplanes, indépendamment de leur forme dont nous avons parlé, sont d'abord une légèreté aussi grande que possible, ensuite une résistance à toute épreuve, enfin une étanchéité parfaite.

Nous allons successivement considérer chacune de ces conditions et voir les moyens qu'on emploie le plus généralement pour que les flotteurs de nos hydros remplissent ces conditions.

1° *Légèreté.* — Il n'est point nécessaire d'insister longuement sur la nécessité de la plus grande légèreté possible ; non seulement la surcharge qu'imposeraient à l'appareil des flotteurs trops lourds serait nuisible en soi, mais la position surbaissée qu'on est obligé de leur donner conduirait à des modifications sensibles dans le centrage de l'appareil, si cette surcharge venait à acquérir une valeur trop grande. On a déjà remarqué que, sans apporter d'autre modification à un appareil ordinaire que la substitution de flotteurs à ses roues, il fallait, pour conserver la même facilité d'évolution, accroître l'efficacité des empennages, soit par augmentation de surface, soit par plus grande amplitude d'oscillation. Les différents moments d'inertie par rapport aux différents axes étant accrus par l'adjonction d'éléments pesants à une assez grande distance du centre de gravité, cette constatation n'a rien qui doive surprendre.

La forme géométrique de flotteur qui conviendrait à la plus grande légèreté, indépendamment de la matière employée et du procédé de fabrication serait, théoriquement la sphère, la sphère étant de tous les volumes, celui qui présente la plus grande capacité avec le minimum de surface. Mais on conçoit sans peine les inconvénients et les difficultés qu'impliquerait l'adoption de flotteurs purement sphériques.

Aussi, puisqu'il ne faut pas songer à réaliser le minimum théorique de poids pour un déplacement d'eau déterminé, il faut du moins chercher le minimum pratique. Or, puisque des flotteurs allongés et fuselés sont de rigueur (dans la catégorie des catamarans tout au moins), le choix devrait se porter sur les flotteurs à section transversale circulaire. A capacité égale, un flotteur à section circulaire aura moins de surface et par conséquent, moins de poids qu'un flotteur à section triangulaire, rectangulaire ou polygonale quelconque.

Cependant, il ne faut pas se borner, sous ce rapport du poids, à des constatations superficielles. En effet, de deux flotteurs de capacité égale, celui qui présente le moins de surface latérale n'est pas nécessairement le plus léger, car la surface n'est qu'un habillage et que l'armature intérieure qui assure la rigidité de l'ensemble peut avoir besoin d'être plus lourde dans le cas du flotteur circulaire que dans tout autre.

Du reste, d'autres considérations doivent l'emporter sur celle du poids, quant à la forme extérieure ; nous avons dit, en effet, que pendant la mise en vitesse il y avait lieu d'escompter, de la part de l'eau, une réaction dynamique aidant au soulèvement de l'appareil, autrement dit, au déjaugeage. Or, un fond plat, ou à peu près, se prête mieux que tout autre à l'accroissement de pression sustentatrice et doit être préféré pour cette raison. Il n'y a que dans le cas où l'on aurait recours à des sustentateurs en persienne du genre Forlanini, qui sont préconisés dans le chapitre suivant que l'adoption de flotteurs en fuseau arrondi serait justifiable car on n'aurait plus à escompter de leur part qu'une sustentation statique à laquelle leur forme importerait peu.

Et puisque la question de la légèreté nous a conduit à parler de la forme, autant vaut, quoique nous nous placions ici tout à fait à côté de la question qui nous intéresse, dire un dernier mot sur les avantages et les inconvénients de telle ou telle section.

Ainsi, pendant le vol, un flotteur à section rectangulaire présentera à l'air une surface verticale de dérive bien plus considérable qu'un flotteur à section circulaire, la projection de celui-ci sur un plan vertical parallèle à la marche serait-elle aussi considérable que la projection du flotteur rectangulaire. Non seulement le raisonnement l'indique, mais l'expérience sur les fuselages de monoplans en fait foi.

Enfin, dans l'eau, pour un même volume immergé, la surface du flotteur en contact avec le liquide sera plus réduite avec le flotteur circulaire qu'avec tout autre, et les frottements qui en résulteront, c'est-à-dire la résistance à l'avancement, seront moindres.

Mais ces considérations, pour nettes qu'elles soient, ne nous permettent pas de conclure en faveur du flotteur circulaire, à cause de la question du déjaugeage qui prime toutes les autres et à laquelle il faut, avant tout, avoir égard. Mais elles montrent par-dessus tout quel intérêt il pourrait y avoir à confier le soin du déjaugeage, de l'émersion, à des sustentateurs dynamiques indépendants, étudiés et disposés à cet effet.

2° *Résistance.* — Dans une construction quelconque, la résistance n'est jamais indépendante de la forme. Cependant, dans le cas qui nous intéresse, il n'y a pas entre les différentes coupes susceptibles d'être adoptées, des différences de nature à faire pencher irrésistiblement la balance pour une plutôt que pour une autre.

Au point de vue résistance, il faut considérer un flotteur à deux égards : résistance d'ensemble de l'armature intérieure à la poussée de l'eau, aux efforts de torsion, à l'effet des vagues, etc. ; résistance locale de la surface extérieure au contact d'un corps dur flottant ou au moment du hâlage sur les galets d'une plage, par exemple. Mais ce dernier égard intéresse plutôt l'étanchéité, que nous verrons, plus loin.

L'armature intérieure forme, en général, une poutre armée convenablement croisillonnée, ce mode de construction présentant le maximum de robustesse compatible avec la légèreté. Cette armature subit certaines variantes d'un constructeur à l'autre, mais son principe est presque partout le même. Ce qu'il importe surtout, c'est que les montants ou les tubes de soutien qui fixent les flotteurs à l'appareil soient placés, le plus souvent possible, à l'aplomb de la maîtresse section ou, dans tous les cas, à l'aplomb des membrures de la poutre, et ne soient pas soumis, dans la région où ils s'agrafent sur le flotteur, à des efforts de flexion trop considérables.

Pour le revêtement des flotteurs, on a pu songer un instant à la toile. Mais le plus souvent ce revêtement est exécuté en bois contreplaqué. Pour les raisons que nous verrons plus loin, A. Tellier préfère un mode de construction qui lui est propre et que nous décrirons.

Quant aux flotteurs en tôle d'acier, ils se passent plus facilement d'armature intérieure. Mais, bien qu'ils soient peut-être appelés à supplanter les autres dans l'avenir, ils ne sont pas d'un usage à recommander en mer, les efforts inimaginables auxquels les soumettent les vagues réussissant toujours, à la longue, à éprouver le rivetage.

Rappelons enfin que, pour doner le fond plat de ses flotteurs d'une résistance suffisante au choc des lames, Fabre se garde de renforcer d'une armature intérieure la surface en contact avec l'eau, pour que cette surface présente une certaine élasticité. Cette tendance à opposer l'élasticité, la souplesse à la brutalité et à la soudaineté d'un choc est à retenir. Elle devrait trouver, en aviation, des applications plus complètes et plus fréquentes.

3° *Étanchéité*. — Reste la question de l'étanchéité. Elle met en présence les partisans de la tôle, du bois contreplaqué et des bordés multiples acajou de Tellier. Nous avons dit de la tôle que la mer arrivait à éprouver son rivetage. Quant au bois contreplaqué, il donne, en général, satisfaction. On sait que le contreplacage du bois consiste à disposer l'une sur l'autre deux ou plusieurs feuilles minces de bois en inclinant leur fil à 90 degrés, en interposant entre chaque couche de bois une colle insoluble et en revêtant le tout intérieurement et extérieurement d'une toile vernie, imperméable après

Le biplan Caudron du meeting de Monaco muni de flotteurs Fabre.

Le biplan Astra vainqueur du meeting de St-Malo.

Le monoplan Borel vainqueur du meeting de Tamise
en plein vol.

un passage énergique à la presse des feuillets de bois contre-plaqués.

L'ensemble ainsi réalisé est compact, léger et résistant.

Mais, considérant que les hydroplanes sont destinés en dehors des heures de vol, à séjourner dans l'eau constamment et non à y faire des plongées momentanées pour être ensuite ramenés sur la terre ferme, Alphonse Tellier estime qu'il doit appliquer à la construction des flotteurs de ses hydros les mêmes procédés qu'il applique lui-même depuis 1896, à la construction des flotteurs de ses bateaux automobiles. Or, l'on sait l'expérience de Tellier en matière de navigation rapide à la surface de l'eau.

Le procédé de Tellier consiste à disposer l'une sur l'autre, et à 90 degrés aussi, des feuilles d'acajou, en interposant entre chaque couche de bois une toile vernie et imperméabilisée, le tout étant rivé ensemble au cuivre rouge.

Les coques ainsi fabriquées sont d'une résistance à toute épreuve, pouvant être à double, triple ou multiple bordé, suivant les besoins.

Du reste, il suffit de se représenter les efforts auxquels sont soumis en mer, avec de la simple houle, les engins qui glissent à sa surface en vitesse, et de savoir que jamais ce mode de fabrication n'a donné lieu au moindre ennui pour penser que son application à l'établissement des flotteurs d'hydros, bien moins lourds que les canots, doit présenter une sécurité absolue.

Enfin ce chapitre sur la construction des flotteurs ne serait pas complet s'il n'y était question d'un mode de fabrication original et nouveau qui paraît appelé, par les avantages qu'il présente, à prendre une place très importante dans l'industrie de l'hydroplane. Il s'agit des flotteurs Louis Clément en tubes d'acier soudés à l'autogène.

Ici, rien de commun avec ce qui a été vu précédemment. Le bois, fragile et putrescible, n'entre en rien dans la construction. La carcasse du flotteur est constituée par une membrure en tubes convenablement triangulée et établie de manière à supporter tous les efforts auxquels peut être soumis un flotteur : écrasement, flexion, torsion, etc.

Le premier caractère de ce procédé c'est donc une résistance à laquelle ne peuvent prétendre les autres procédés. Mais où le flotteur Louis Clément l'emporte le plus nettement, c'est sur le chapitre de la légèreté. Par exemple un flotteur de 3 mètres sur $0^m40 \times 0^m60$ représentant un volume de 0 mc 72, ne dépasse pas 35 kilogrammes. Quant au revêtement, il peut s'effectuer soit avec de la tôle métallique légère soit de toute autre manière. Enfin le troisième caractère de la construction métallique, c'est l'insensibilité aux influences de l'humidité, qu'il n'est pas besoin de commentaires pour mettre en évidence.

Et c'est justement parce que les procédés Louis Clément ne s'appliquent pas seulement à la construction des flotteurs mais des appareils tout entiers qu'il était urgent de les signaler dans un ouvrage qui traite spécialement de l'aéroplane marin. Les appareils métalliques (fuselage et ailes) rivalisant sans mal, sur le chapitre du poids, avec les appareils en bois, leur généralisation ne peut tarder à s'accomplir. Il est hors de doute que le plus grand mal dont ait à souffrir un appareil ordinaire c'est le travail et les déformations auxquels les soumettent les variations de température et l'humidité. Or un appareil marin étant appelé plus que tout autre à subir les intempéries, la substitution du métal au bois ne peut être qu'une question de jours, C'est pourquoi le nom des devanciers est à retenir, car celui qui a su prévoir la tournure qu'allait prendre l'évolution a eu le temps d'acquérir une expérience que les derniers venus seront longs à égaler. Or c'est le cas de Louis Clément.

### *L'émersion des flotteurs et les volets en persiennes*
### *de Forlanini*

Comme il est impossible de préjuger de l'avenir, on ne peut conclure de l'étude qui vient d'être faite, que le flotteur d'hydroplane restera, même dans sa forme générale, tel que nous venons de le décrire.

Il existe en effet, une solution possible du problème toute différente : c'est celle qu'a été le premier à indiquer l'ingénieur italien Forlanini.

Lorsqu'un hydroplane repose sur l'eau, à l'arrêt, la force qui fait équilibre à son poids est la poussée *statique* que reçoit de bas en haut et verticalement la partie des flotteurs qui est immergée. Cette poussée statique est alors seule à soutenir l'appareil.

Quand l'hydroplane est en plein vol, la force qui fait équilibre à son poids est la poussée *dynamique* que reçoivent de bas en haut et verticalement les surfaces sustentatrices.

Pendant toute la période comprise entre l'arrêt complet et l'envol définitif, c'est-à-dire pendant que dure le glissement sur l'eau, les forces qui font équilibre au poids sont au nombre de trois.

La première, c'est la poussée statique due au déplacement d'eau opéré par les flotteurs. Elle passe de sa valeur maxima (qui est égale au poids de l'appareil au repos) à une valeur nulle, lorsqu'aucun point du flotteur n'est plus en contact avec l'eau.

La deuxième, c'est la poussée dynamique due à la pression de l'air sous les ailes. Elle croît depuis zéro, quand l'appareil est au repos, jusqu'à atteindre une valeur égale au poids quand l'appareil quitte l'eau définitivement (en pratique, elle est même un peu plus grande, à ce moment-là, puisque l'appareil gagne de la hauteur). La progression de cette force, pendant le période d'envol est proportionnelle au carré de la vitesse, théoriquement.

Enfin, la troisième, qui n'existe que sur l'eau et qui n'a pas d'équivalent sur terre, quand l'appareil roule, c'est une poussée *dynamique* due à la pression exercée par l'eau sur le fond des flotteurs à la condition que ceux-ci aient une forme et présentent une incidence appropriée. Elle croît à partir de zéro quand l'appareil est au repos, passe par un certain maximum dont la valeur et l'instant sont assez difficiles à déterminer et varient d'un appareil à l'autre, puis elle retombe à zéro au moment où l'appareil quitte franchement l'eau.

A première vue, il semblerait que l'envol sur l'eau fût bien plus facile que sur terre, trois forces au lieu d'une concourant au soulèvement de l'appareil. Cependant, la résistance à la pénétration dans l'eau des flotteurs étant d'un ordre bien plus élevé que la résistance au roulement sur le sol, la vitesse est plus difficile à acquérir dans l'eau ; or, comme les forces 2 et 3 sont proportionnelles au carré de la vitesse, elles ne croissent et n'arrivent à une valeur intéressante qu'assez difficilement.

D'une manière générale, les constructeurs d'hydroplanes semblent se préoccuper très peu de la troisième de ces forces, la réaction dynamique dans l'eau. C'est au contraire, celle que les constructeurs d'hydroplanes (au sens primitif du mot), se sont attachés à accroître avec acharnement ; c'était du reste la seule qu'il leur appartenait de travailler, pour des raisons bien simples à comprendre. Quoi qu'il en soit, il semble, bien qu'un hydroplane ne soit pas un simple bateau glisseur, qu'on puisse s'inspirer davantage pour l'étude du premier des travaux exécutés en vue du second.

Sans doute, l'hydroplane étant un appareil mixte, ce serait ne résoudre qu'imparfaitement le problème que de le résoudre en ne considérant l'appareil à flotteur que comme s'il était destiné à rester toujours sur l'eau. En effet, les raisons qui font d'un flotteur un bon glisseur sur l'eau ne sont pas conciliables avec celles qui font de lui un bon pénétrateur dans l'air. Tandis qu'un corps allongé doit se présenter sur l'eau, le gros bout en arrière, il doit se présenter dans l'air, le gros bout en avant. C'est pourquoi il ne serait peut-être pas inutile de chercher dans une voie un peu différente et tracée d'ailleurs par les mêmes protagonistes du bateau glisseur, une solution qui concilierait à souhait les exigences de la progression dans l'eau et de la progression dans l'air.

Cette voie, c'est celle qu'a ouverte Forlanini, dont les travaux sur l'hydro et sur l'aéro-navigation sont d'une très réelle valeur, et qui consiste dans l'emploi, pour obtenir le déjaugeage d'un corps se déplaçant à la surface de l'eau, de sustentateurs dynamiques en persiennes.

L'emploi de pareils sustentateurs, dont nous allons voir les propriétés plus loin, auraient la propriété, en effet, en permettant une émersion très rapide de la coque, de laisser l'appareil acquérir plus rapidement sa vitesse d'envol.

Les flotteurs dynamiques (le terme est très impropre mais fait image) dont se servit Forlanini consistent en quatre séries de lames de persiennes ayant une incidence convenable sur l'horizontale. C'est en somme l'application dans l'eau du volet préconisé par l'anglais Philipps, pour la navigation dans l'air. On sait qu'à la suite de Philipps, l'aéroplane en persienne fut à maintes reprises préconisé comme devant assurer une valeur très élevée au rapport $\dfrac{Ky}{Kx}$ de M. Eiffel.

Or, il est de fait, qu'essayé sur le lac Majeur, en 1905, le canot équipé par Forlanini, de la manière représentée par la figure 1 réussissait régulièrement à émerger complètement hors de l'eau et à ne plus se soutenir que sur les quelques dernières lames immergées. A la vitesse de 20 mètres à la seconde (72 kil. à l'heure) qui fut atteinte en 1905, le coque se tenait à 0m.55 au-dessus de l'eau et la surface d'appui (surface des lames immergées) ne dépassait pas 15 décimètres carrés malgré un poids total de 1.650 kilogrammes, ce qui correspondrait à une charge de 11.000 kilogrammes par mètre carré de surface d'appui (rapport d'Alphonse Tellier fils à un congrès organisé par l'A.C.F. en 1908).

Une constatation intéressante que put faire Forlanini au cours de cette expérience fut la suivante : la résistance de l'eau serait indépendante de la vitesse par suite

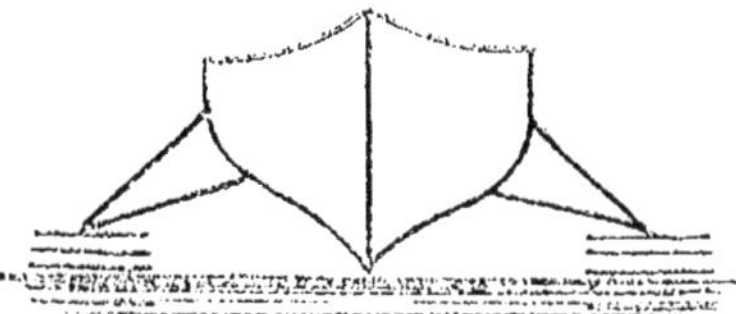

Sustentateurs en persienne de Forlanini.

de la très faible surface en contact avec l'eau ; elle serait constante pour un appareil déterminé et égale au $1/12^e$ du poids total. On voit par là l'intérêt que peut présenter pareille disposition pour le déjaugeage et la mise en vitesse des hydros, pour lesquels la résistance de l'air sur l'appareil serait la seule à croître pendant la lancée.

A la suite du succès de Forlanini, d'autres expériences analogues furent faites en 1906 à Bracciano, près de Rome, par les lieutenants A. Crocco et O. Ricaldoni.

Les flotteurs de l'hydroplane Crocco-Ricaldoni étaient constitués par deux lames très étroites disposées en V aux deux extrémités de la coque (fig. 2). La surface immer-

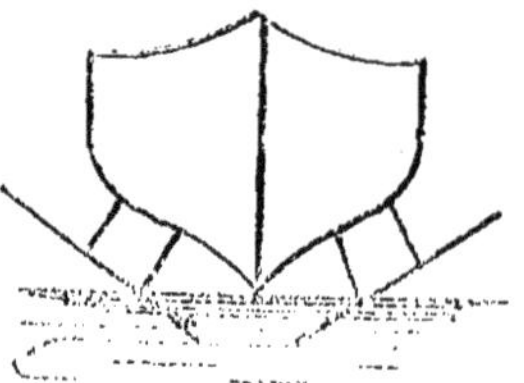

Sustentateurs Crocco et Riccaldoni.

gée se proportionnait ainsi progressivement à la vitesse. Malgré son poids de 1.500 kilogrammes, la coque sortait de l'eau à la vitesse de 25 kilomètres à l'heure. Dans ces conditions, la vitesse put atteindre jusqu'à 70 kilomètres, avec un simple moteur de 80 HP.

Ces résultats absolument rigoureux, sont au moins une indication précieuse pour la recherche des flotteurs à déjaugeage rapide.

Cette solution du déjaugeage donne, en effet, des résultats considérablement plus avantageux que la solution du flotteur à fond plat, serait-il à redan, double redan, etc.

Comme, dans l'air, la persienne aurait une action plutôt nulle que nuisible, on peut se demander s'il ne conviendrait pas :

1º De limiter le rôle des flotteurs statiques au soutien de l'appareil au repos et d'étudier le dessin de ces flotteurs au simple point de vue de la pénétration dans l'air, leur forme n'intervenant plus pour produire l'émersion.

2º De ne faire appel qu'aux sustentateurs en persiennes pour le soutien de l'appareil pendant la lancée, la rapidité de l'envol ne devant s'en trouver que très accrue et la progression dans l'air nullement incommodée.

A l'heure actuelle, deux appareils seulement d'hydro-aviation font appel au principe de sustentation en question : ce sont l'hydro italien Guidoni dont les flotteurs sont garnis d'ailettes, et le monoplan Rep.

Peut-être objectera-t-on que la disposition en profondeur des ailettes accroît sensiblement le tirant d'eau nécessaire au repos et menace d'accrocher les herbages en eau peu profonde. Mais sont-ce là des raisons assez sérieuses pour ne pas essayer ?

Coque sans redan

L'avion marin Bedelia.

L'hydroplane Deperdussin rentre au hangar sur des rouleaux.

L'hydroplane Donnet-Levêque.

# TROISIÈME PARTIE

# REVUE DESCRIPTIVE DES PRINCIPAUX HYDROPLANES

## L'HYDROPLANE ASTRA

La construction des biplans Astra a bénéficié de l'expérience qu'avait acquise la Société Astra en construisant les appareils Wright. Les biplans actuels, bien que très profondément modifiés ont cependant hérité de l'aile des Wright, c'est-à-dire de surfaces sustentatrices à très haut rendement.

Ces ailes sont recouvertes en toile de lin vernie et en étoffe caoutchoutée. Le fuselage à section triangulaire est complètement entoilé et peut contenir trois passagers.

Le moteur placé à l'avant est un Renault de 100 HP qui actionne une hélice Astra de 3 mètres de diamètre démultipliée de moitié par rapport à la vitesse du moteur.

L'équilibre latéral est obtenu par gauchissement des ailes, l'équilibre longitudinal par un plan arrière non porteur terminé par deux ailerons de profondeur.

Gauchissement et manœuvre des ailerons sont combinés sur le même levier de commande. Quant à la direction, elle s'opère aux pieds à l'aide d'un palonnier. Toutes les commandes étant conjuguées, la conduite de l'appareil peut être opérée de l'une des deux places du pilote ou du mécanicien.

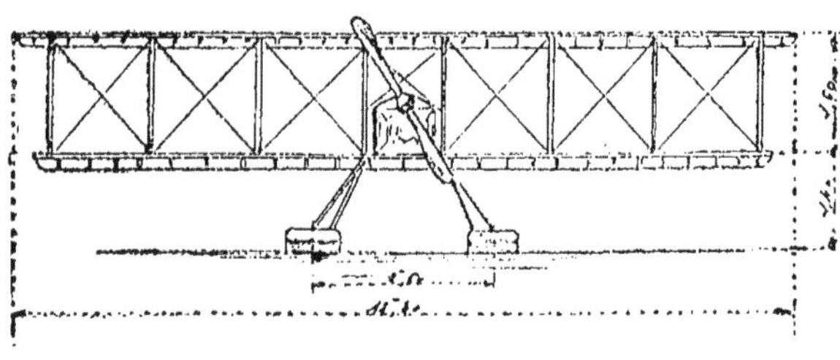

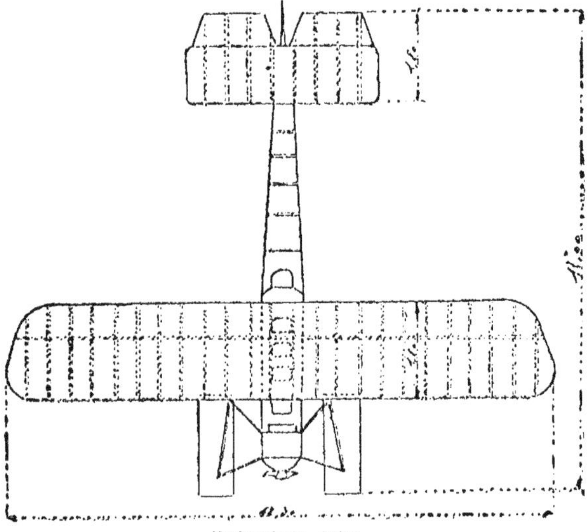

Hydroplane Astra.

Deux reservoirs d'essence d'une capacité respective de 46 et 91 litres sont disposés sur l'appareil en vue des vols de longue durée. La capacité de l'appareil atteint 400 kilogs de charge utile.

C'est sur le biplan répondant à ces caractéristiques qu'ont été adaptés trois flotteurs qui font de lui un hydroplane de transport.

Ces trois flotteurs sont disposés à raison de deux flotteurs égaux et symétriques par rapport au grand axe et placés à l'avant et d'un flotteur à l'arrière. Ce sont des flotteurs Tellier, sans redan, qui peuvent se ranger dans la catégorie des flotteurs en catamaran. Ils mesurent 1 m. 15 de large sur 4 m. 50 de longueur et sont en bois contre-plaqué.

Caractéristiques :

Envergure : 12 m. 32.
Longueur : 10 m. 97.
Hauteur : 3 m. 35.
Moteur Renault 100 HP.
Hélice Astra.
Diamètre : 3 mètres.
Flotteurs : 3 dont 2 à l'avant et 1 à l'arrière.


## L'HYDROPLANE BÉDÉLIA


Pour être d'une réalisation toute récente, les premiers avions marins Bédélia n'en sont pas moins le fruit de très anciennes etudes de la part de leurs créateurs.

Il y a plus de quatre ans déjà (c'était lorsque les premiers appareils à roues quittaient avec peine la terre), que les grandes lignes de ces appareils qui semblent déjà en avance pourtant sur leurs contemporains, ont été presque définitivement arrêtées.

Estimant avec justesse que le point faible de la cons-

truction des hydroplanes actuels est leur inaptitude
à rendre des services pratiques, MM. Bourbeau et Devaux
ont principalement dirigé leurs efforts sur cette partie
du problème et sont arrivés d'emblée à un résultat très
satisfaisant.

Leur appareil est caractérisé par une coque centrale
et unique qui renferme moteur, pilote et passager,
c'est-à-dire qui confère à l'appareil les plus hautes qualités marines sans nuire aux qualités aéronautiques. C'est
un biplan de très petite envergure et d'une robustesse à
toute épreuve.

Pour pallier aux inconvénients que présente trop souvent une coque d'hydroplane mal étudiée, on a donné
à celle-ci toute la largeur voulue pour que la stabilité
latérale soit bonne et une longueur assez réduite pour
sauvegarder la légèreté et la facilité de départ sur l'eau.
Une coque qui s'étend sur toute la longueur de l'appareil
a besoin, pour résister aux efforts colossaux auxquels
la soumettent les vagues de la mer d'une robustesse qui
est peu compatible avec la légèreté. En eau calme, il
peut suffire d'un frêle fuselage intérieur, mais en mer
il faut une construction vraiment navale, c'est-à-dire
toute différente.

Chez Bédélia, la coque est entièrement métallique. Le
moteur, un 4 cylindres vertical Clerget y repose sur un
bâti inébranlable et entraîne l'hélice par une chaîne pas-
sant à l'intérieur des tubes qui servent d'entretoises entre
l'arbre de l'hélice et l'arbre moteur.

Quant à la voilure, elle se trouve fixée, à l'aide d'un
montage excessivement simple directement sur le dessus
de la coque pour les plans inférieurs et au sommet de
deux forts montants creux rigides encastrés dans la coque,
constituant de véritables mâts pour la voilure supérieure.

L'entretoisement des voilures et l'attache du stabilisateur arrière sont réalisés par un dispositif analogue de
montage aussi simple et sans aucun réglage. Une forte
haussière, fixe, haubanne les plans pour la marche normale
et une haussière réglable les soutient vers le bas. Deux

tirants s'attachant à l'avant de la coque évitent tout
ballant. Deux haussières maintiennent également le stabilisateur arrière.

Le tout présente un aspect robuste et simple ; les masses sont bien groupées, l'appareil n'offre qu'une faible résistance à la pénétration. Enfin, qualité de premier
ordre, le montage, le réglage et le maniement sont pratiques et accessibles à tous.

En résumé : principe de la coque centrale qui détermi-
ne une économie de poids, qui développe les qualités
d'hydroplane de l'appareil sans nuire à son vol : stabilité
propre très grande aussi bien en vol qu'en flottaison
en raison de la position surbaissée du centre de gravité ;
robustesse par le fait de la centralisation des masses ;
rusticité générale ; faculté de mise en marche et de surveil-
lance du moteur de la place même du pilote ; facilité
d'accrochage instantané pour remonter l'appareil sur
le pont d'un navire, telles sont les qualités maîtresses dont
se recommande l'avion marin Bédélia.


## L'HYDROPLANE BESSON


L'hydroplane Besson est un canard, c'est-à-dire qu'il
porte ses empennages de direction et de stabilisation à
l'avant de ses surfaces sustentatrices principales. Il est
construit entièrement en tubes d'acier raccordés à la soudure autogène, ce qui le désigne par conséquent pour l'usage
colonial en particulier, d'autant plus qu'il se prête à des
démontages d'une extrême simplicité.

La surface sustentatrice principale assez épaisse contre
le fuselage va en s'amincissant vers les extrémités des
ailes, extrémités qui sont légèrement relevées vers le haut
pour former dérive. La courbure transversale des ailes
a été choisie avec soin pour présenter le meilleur rapport
possible des composantes.

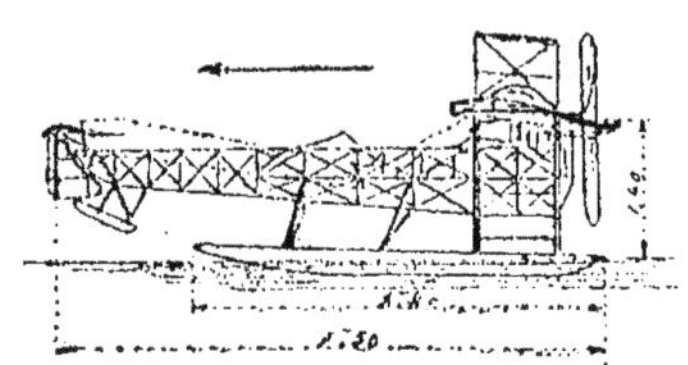

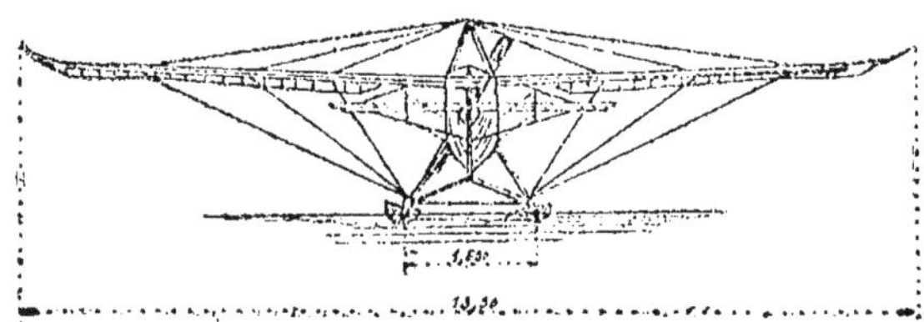

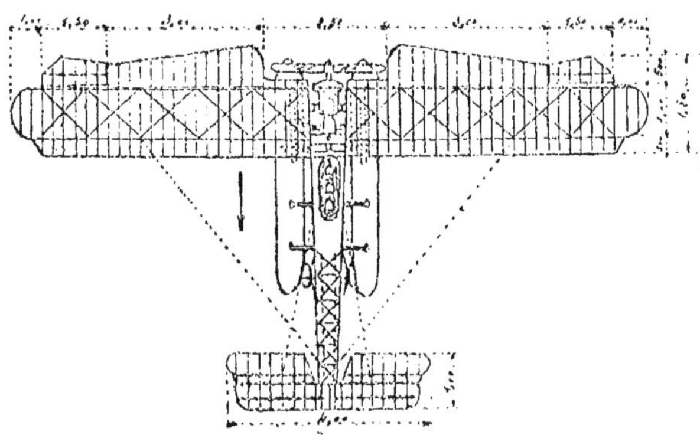

L'hydroplane Besson.

Quant à la surface sustentatrice auxiliaire, elle est placée, nous l'avons dit, à l'avant et se présente à l'air sous une incidence plus prononcée que les plans principaux.

Tous les tubes laissés à l'air libre sont profilés, le fuselag est en partie entoilé, l'hélice est à l'arrière et refoule l'air librement de telle sorte que l'appareil accuse une faible résistance à la pénétration et un bon rendement.

La stabilité latérale est assurée par la position surbaissée du centre de gravité, par le dièdre des ailes et par le relèvement dont nous avons parlé. En outre, deux ailerons commandés par le pilote assurent à la stabilité latérale le complément désirable.

Dans le sens longitudinal, l'équilibre est satisfaisant en lui-même par le fait du V longitudinal que forment entre elles les deux surfaces. Il est amélioré encore par un gouvernail de profondeur, volet à grande surface que peut manœuvrer le pilote. Du reste, la disposition dite « canard » est plus que toute autre favorable à la stabilité longitudinale, et rend le capotage impossible. D'autre part, la protection du pilote est sur les appareils de cette famille aussi satisfaisante que possible.

La direction est assurée par un gouvernail unique à l'avant bien entendu et la stabilité de route obtenue par deux surfaces verticales de dérive dont l'action s'ajoute à celle du relèvement des ailes.

Le pilote, très éloigné du moteur, se trouve un peu en avant du centre de gravité. Les deux passagers sont derrière lui, en tandem. Pilote et passagers sont assis à l'intérieur du fuselage. Leur position devant le moteur les garantit de toute projection d'huile.

La disposition de l'appareil laisse au pilote et aux passagers un champ visuel très considérable. De plus, aucun organe, ni hauban n'est susceptible de gêner le jet de projectiles.

La partie flottante de l'appareil comporte deux flotteurs en tôle d'acier, montés sur amortisseurs et fabriqués de façon à présenter une étanchéité absolue. Le plan médian de chacun de ces flotteurs forme avec l'autre un certain angle très favorable à la stabilité de l'appareil sur l'eau. Un troisième flotteur de faible dimension est disposé à l'avant du fuselage pour préserver les organes de direction et d'équilibre des paquets de mer.

A l'heure où s'écrivent ces lignes, le canard Marcel Besson est encore dans la période des essais.

## L'HYDROPLANE BOREL

L'hydroplane Borel, comme du reste tous les appareils de la marque est un monoplan. Il est même, en date, un des tous premiers monoplans à avoir décollé sur l'eau, or, c'est un mérite, car le problème est plus ardu avec un monoplan qu'avec un biplan.

Comme voilure et fuselage, l'hydroplane Borel est à peu près ce qu'était l'appareil Borel de Paris-Madrid Il mesure 8 m. 75 de longueur pour 11 m. 50 d'envergure totale. Ses ailes ont 1 m. 80 de profondeur, soit une surface de 18 mètres. L'appareil est à deux places et actionné par un Gnome de 80 HP qui entraîne une hélice Chauvière de 2 m. 60 de diamètre et 1 m. 60 de pas.

Le moteur peut être mis en marche de la place du passager à l'aide d'une cordelette enroulée sur l'arbre que l'on tire vigoureusement. D'autre part, une ouverture pratiquée dans le capot permet aux occupants de graisser et de régler eux-mêmes leur moteur, d'en changer les bougies etc., lorsque l'appareil est au repos sur l'eau.

Quant à la partie marine de l'appareil, elle se compose de trois flotteurs, deux en catamaran à l'avant et un troisième de dimensions réduites à l'arrière.

Leur section est rectangulaire et leur face inférieure très relevée de l'avant. Ils sont assujettis aux patins et reliés au fuselage par quatre montants en tubes fuselés. Une traverse plate en frêne les entretoise. Le flotteur arrière présente la même tournure générale que ceux d'a-

Aéroplane marin d'Artois.

L'aéroplane marin H. Fabre.

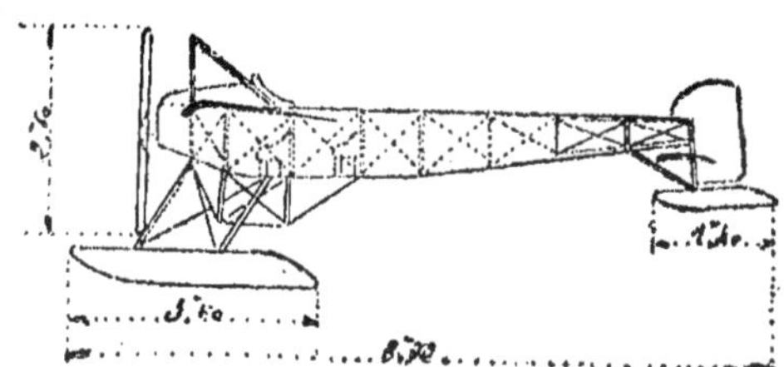

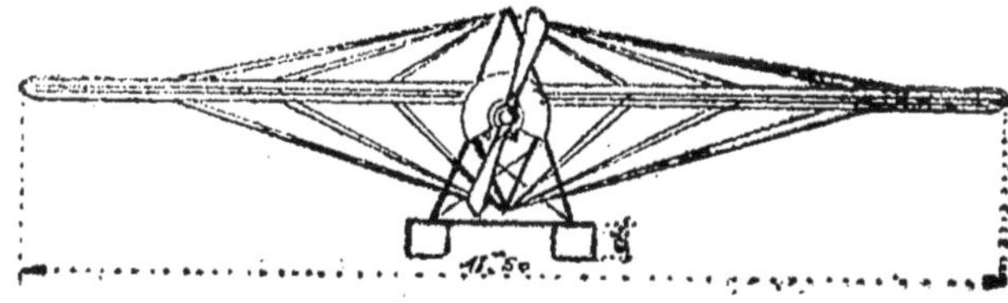

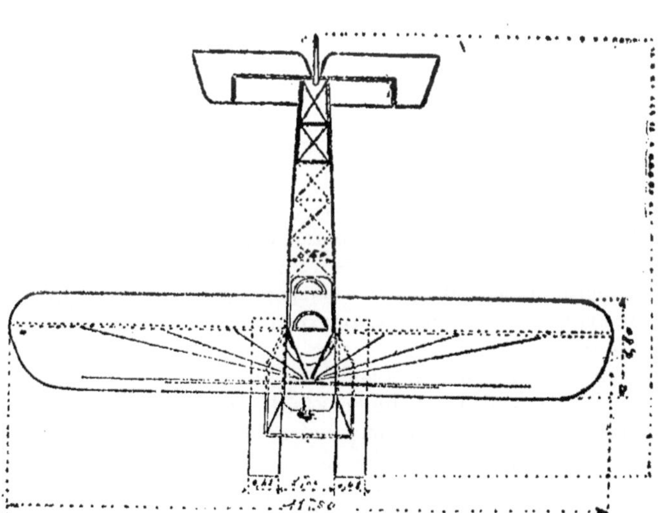

L'hydroplane Borel.

vant et comme il est orientable sous l'action du palonnier de direction, il agit dans l'eau comme un gouvernail ce qui donne à l'appareil de grandes qualités de navigabilité.

Le monoplan Borel a triomphé cette année dans le grand meeting de Tamise, d'une compétition nombreuse et redoutable. C'est donc un appareil bien au point et susceptible de rendre les plus grands services.


## L'HYDROPLANE CAUDRON


L'hydroplane Caudron est muni de flotteurs Fabre. Comme appareil, il ne diffère des appareils ordinaires de la même marque que par l'échange de place entre le pilote et le moteur. Ici, en effet, le pilote est assis sur le bord avant des ailes et l'hélice ne refoule l'air que sur la cellule arrière.

Comme voilure, celle du Caudron a de particulier la flexibilité très grande des nervures. Ces nervures qui ont une largeur moyenne de 1 m. 50 ne sont maintenues rigidement que sur le premier tiers avant de leur longueur, les deux séries de montants qui entretoisent les ailes étant éloignées de 50 centimètres seulement l'une de l'autre. Cette disposition s'est toujours montrée excellente.

Latéralement, l'équilibre est rétabli par gauchissement. Longitudinalement, par un empennage monoplan qui se manœuvre non par rotation mais par flexion des nervures.

Ce que l'hydroplane Caudron présente encore de très particulier, c'est la fixation des flotteurs au bâti. On sait, en effet, que l'inconvénient majeur des flotteurs Fabre, c'est de subir de la part des vagues, des chocs considérables qui en se répercutant sur l'appareil pourraient y provoquer des lésions graves. On y remédie bien en donnant à la surface inférieure du flotteur une certaine élasticité, mais cette précaution n'a pas paru suffisante.

Aussi le montage est-il réalisé de la manière suivante :

Au lieu d'être immuablement fixé, le flotteur est articulé autour de son point d'attache antérieur, de telle sorte qu'il est libre de basculer autour de ce point, de se présenter à l'eau sous une incidence plus ou moins grande. Mais naturellement, ces variations d'incidence sont limitées dans un sens par un câble attaché au bord postérieur qui limite en se tendant l'augmentation possible d'incidence, et dans l'autre sens par un double système amortisseur, comprenant un extenseur de caoutchouc travaillant à la traction, qui absorbe les réactions violentes dues aux vagues et une butée également en caoutchouc qui limite définitivement l'oscillation du flotteur.

Tel qu'il était à Monaco, le biplan Caudron pouvait aussi bien partir et atterrir sur terre que sur l'eau. En arrière de chacun des deux flotteurs antérieurs se trouvait disposée en effet une roue dont le rayonnage était soigneusement habillé d'une tôle d'aluminium pour diminuer la résistance à la pénétration dans l'eau. En outre, pour éviter que les embruns vinssent en contact avec l'hélice on avait disposé une surface auxiliaire au-dessous de celle-ci en guise de protection.

Le type le plus récent de biplan marin Caudron est assez sensiblement modifié. Ses qualités sont encore augmentées cependant que la simplicité en est plus grande.


## L'HYDROPLANE ALVAREZ DE CONDÉ


Bien que cet appareil ne soit encore qu'en construction nous n'avons pu nous garder d'en donner les caractéristiques, tellement il se distingue nettement de tous les appareils que nous avons décrits jusqu'ici.

Non seulement c'est le premier monoplan à coque fuselage, mais il présente une particularité d'empennage qui lui assure automatiquement une stabilité longitudinale absolue. Cet empennage consiste dans l'application de deux surfaces superposées et courbes dont l'une, celle du dessus, présente sa concavité vers le ciel et l'autre, vers la terre. En vol normal ces deux surfaces sont le siège de deux réactions verticales qui se détruisent. Mais si l'appareil tend à piquer ou a s'engager, l'une de ces deux réactions devient immédiatement prépondérante et agit avec une grande vigueur en raison du bras de levier dont elle dispose.

Un modèle réduit de cet appareil essayé au laboratoire de M. Eiffel a donné des résultats surprenants. Le centre de pression sur la voilure a fait preuve d'une constance en position absolument inaccoutumée et cela ne tient évidemment qu'à l'emploi de cet empennage.

La coque de cet appareil est en bois de cédrat contreplaqué et à doubles rivets. Elle est munie latéralement de deux quilles de roulis qui doivent assurer la stabilité de l'appareil sur l'eau.

Moteur, pilote et passager sont à l'intérieur de la coque et complètement protégés.

Quant à la voilure, elle mesure 12 mètres d'envergure sur 2 m. 20 de profondeur. Le moteur est un 8 cylindres E. N. V. qui développe 70 HP et entraîne 2 hélices par une chaîne unique.

Il ne paraît pas trop osé de prédire que les résultats pratiques dépasseront la mesure escomptée.


## L'HYDROPLANE D'ARTOIS


La société des aéroplanes d'Artois a réalisé un type d'avion-marin répondant aux besoins de la marine de guerre.

La coque qui sert en même temps de fuselage, supporte le moteur, contient la place du pilote et celle du passager. Sa construction des plus soignées contient deux parties principales : tout d'abord, une carcasse en poutre armée en frêne assujettie par des rivets de cuivre, forme la charpente sur laquelle vient se placer un bordé en contreplaqué assurant une étanchéité à toute épreuve. Cinq cloisons étanches assurent à la coque une flottaison parfaite, même dans le cas d'une voie d'eau accidentelle.

La forme de la coque a été étudiée de façon à rendre minimum le refoulement et par suite le gerbage de l'eau lorsque l'appareil glisse avant l'envol ou se pose. C'est pour cela que les lignes de l'avant se rapprochent beaucoup des lignes des glisseurs ou des canots-automobiles à grande vitesse. De plus la partie inférieure qui est plate a été relevée suffisamment pour empêcher la coque de « bourrer » au retour sur l'eau.

Les hydroplanes d'Artois emploient indifféremment des moteurs fixes ou rotatifs. Les puissances y sont comprises entre 50 et 100 HP. Dans les deux cas le moteur est placé à l'intérieur de la coque et au centre de gravité. Il est par suite extrêmement accessible et fixé d'une façon solide et simple. Sa mise en marche se fait à l'aide d'une manivelle à la portée du pilote. L'attaque de l'hélice est démultipliée et à 4 pales de façon à diminuer son diamètre. Elle est recouverte d'une protection en cuivre comme toutes les autres hélices aéro-marines.

La direction est commandé par un volant ; la profondeur par un levier portant le volant et la stabilité latérale par deux pédales.

Pour assurer la stabilité sur l'eau on a abaissé d'une façon judicieuse le centre de gravité par la disposition des parties lourdes au voisinage de la ligne de flottaison. De plus, pour éviter les dérives toujours à prévoir par temps agité, les extrémités des ailes sont munies de deux balancines d'un type nouveau et extrêmement efficace. Pour assurer la stabilité en vol on a établi une torsion rationnelle des ailes qui sert de gauchissement.

La voilure se compose de deux plans superposés à courbure faible et à pénétration maximum. De cette façon on évite dans une certaine mesure les déplacements exagérés du centre de poussée. La liaison des deux surfaces est faite à l'aide d'un assemblage à montant unique réuni par des cables d'acier à haute résistance. Pour éviter les travaux par trop difficiles à exécuter soit dans les ports, soit à bord, on a supprimé toute soudure et tous travaux mécaniques. Aussi les attaches sont elles de simples épissures marines.

Le démontage et le remontage de la voilure s'exécutent d'une façon rapide et simple par suite du peu de complications et du peu d'organes démontables.

Le déjaugeage de la coque est facilité par la présence d'un redan placé sous la coque et au centre de gravité. De plus, la forme fuyante de la partie inférieure empêche toute succion, et la section triangulaire à l'arrière évite une résistance trop grande à la pénétration aussi bien dans l'eau que dans l'air.

En résumé, en examinant attentivement l'avion-marin d'Artois on constate que tout a été étudié de façon à rapprocher autant que cela peut se faire, la navigabilité d'un hydroplane de celle d'une coque pouvant tenir la mer. Ce qui saute aux yeux c'est surtout la grande simplicité de tout l'ensemble, le peu d'organes et de parties mécaniques qui le composent.


## L'HYDROPLANE DONNET-LEVEQUE


On se plaît, en général, à considérer l'aérhydroplane Donnet-Lévêque comme l'appareil le plus complet de ce genre, comme le prototype de l'appareil d'aviation marine.

Il est probable que l'aérhydro de l'avenir appartiendra en effet, à cette famille parce que les appareils qui lui appartiennent réalisent cette homogénéité sans laquelle aucune solution ne saurait avoir un caractère définitif Du reste, la coque telle qu'elle est conçue sur le Donnet-Lévêque, possède des qualités satisfaisantes sur l'eau et comme elle se prête en même temps à l'amélioration des qualités aviatrices de l'appareil en vol, en permettant de loger à l'intérieur de ses parois, pilote, passagers et accessoires qui nuiraient autrement à la pénétration, on ne voit pas quelles raisons pourraient lui en faire préférer une autre.

Peut-être objectera-t-on que la nécessité de placer l'axe du flotteur bien au-dessous de l'appareil conduit à un abaissement du centre de gravité qui n'est guère, quoi qu'on pense, avantageux. On peut répondre que le moteur placé très haut compense cet abaissement et que, tout compte fait, le centre en question n'est guère plus bas que sur un appareil ordinaire. De plus, on peut nourrir l'espoir de voir nos appareils s'accommoder un jour de propulseurs d'un diamètre moins encombrant que les hélices actuelles et entrevoir par là la possiblité de remonter l'axe de la coque à la hauteur du plan inférieur par exemple.

Le biplan Donnet-Lévêque se construit en deux types : 50 et 80 HP.

La surface du 50 HP ne mesure que 17 mètres carrés pour une envergure de 9 mètres 50 au plan supérieur et une longueur de 8 m. 80.

Le plan inférieur, plus petit que le plan supérieur, est muni, à chacune de ses extrémités, d'un flotteur cylindro-conique qui a pour effet de maintenir l'appareil en équilibre latéral au repos. Ces flotteurs sont eux-mêmes munis par en-dessous d'une palette à faible incidence, qui contribue, elle aussi, à l'équilibre latéral ; non plus au repos, mais en vitesse, si l'appareil tend par hasard à s'incliner sur le côté.

En vol, l'équilibre latéral est obtenu par gauchissement : l'équilibre longitudinal par un gouvernail de pro-

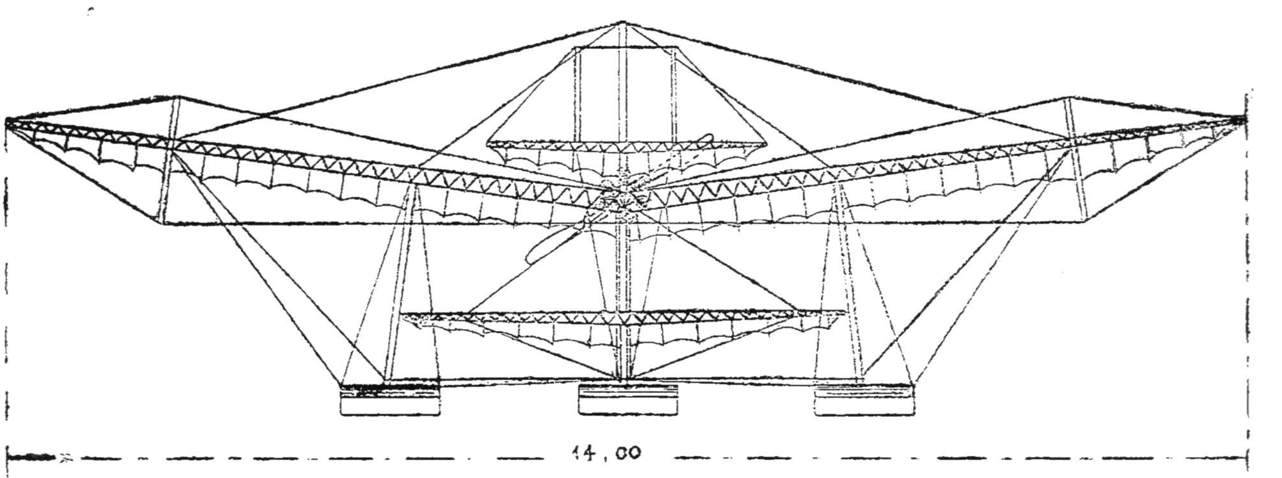

14,00

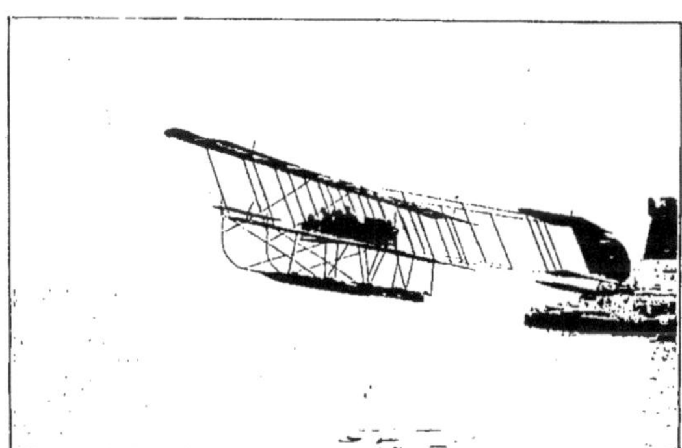

Le biplan M. Farman en plein vol.

Le Henri Farman de Monaco en plein vol

Le Sanchez Besa de Benoît au départ devant Monaco.

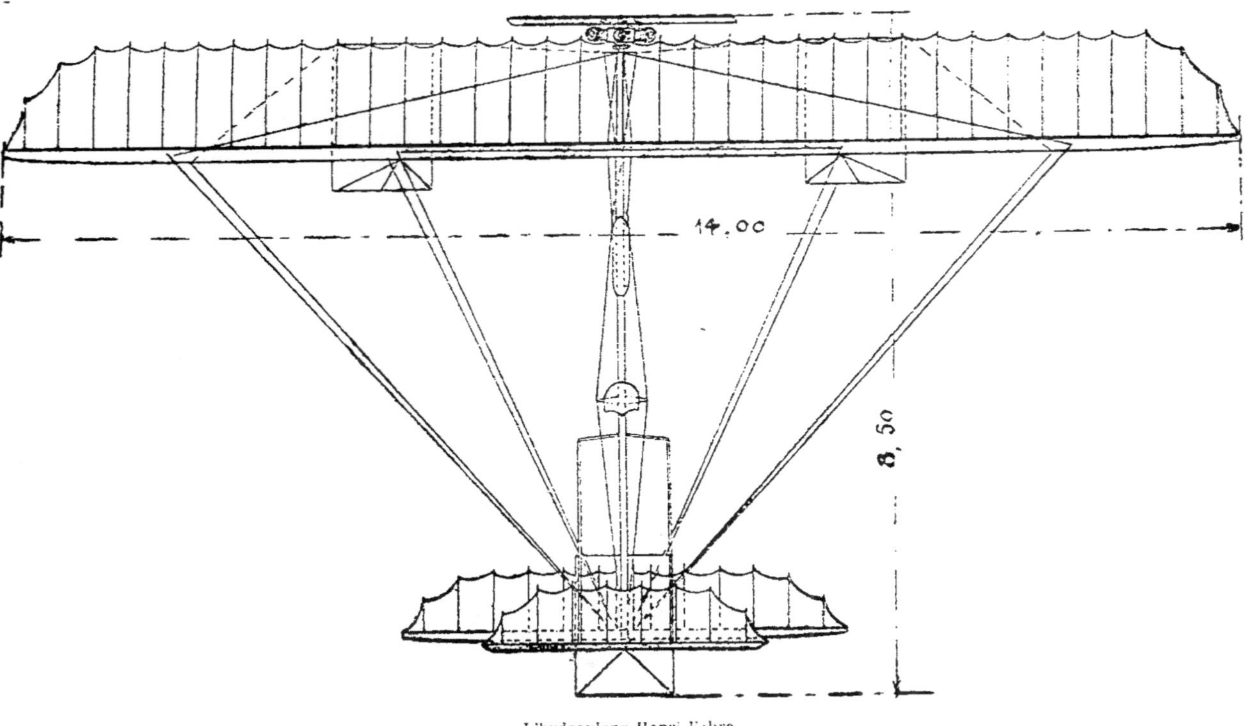


L'hydroplane Henri Fabre.

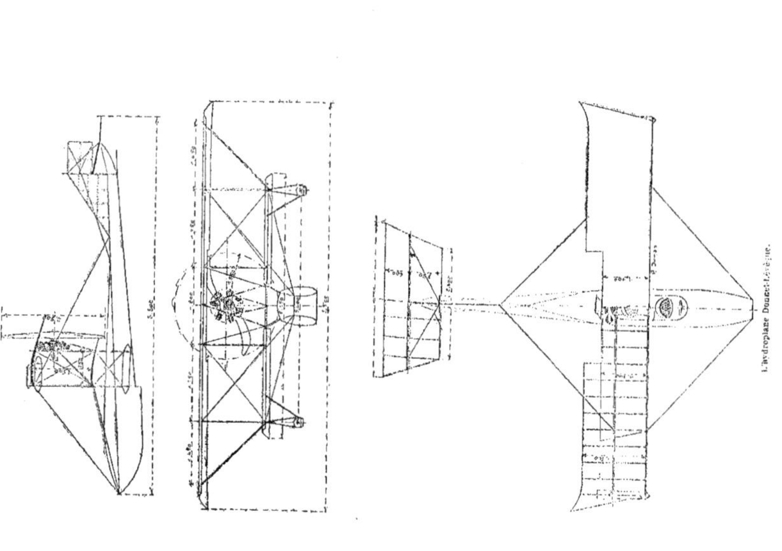


L'hydroplane Donnet-Lévêque.

fondeur à l'arrière ; la direction par un panneau faisant suite à l'empennage triangulaire fixe de la queue.

La commande de la profondeur est assurée par une cloche : la direction par un palonnier manœuvré au pied.

Quant à la forme de la coque, nous avons dit précédemment que c'était à peu près celle d'un requin et qu'elle était munie à l'avant d'un redan. L'utilité de ce redan et le rôle qu'il joue sur l'eau ont été expliqués et commentés aussi.

Enfin la coque elle-même est confectionnée en feuilles de bois contreplaqué et divisée en compartiments étanches par des cloisons perpendiculaires au grand axe.

Récemment une paire de roues à escamotage a été ajoutée à la coque pour permettre le départ et l'atterrissage aussi bien sur terre que sur l'eau.


## L'YHDROPLANE HENRI FABRE


L'hydroplane Henri Fabre dont il a été longuement question dans la partie historique de cet ouvrage était du type canard. Cet appareil était original dans toutes ses caractéristiques.

Il se composait essentiellement d'un châssis vertical de 7 mètres de long, analogue au cadre d'une bicyclette sur lequel étaient fixés : à l'arrière la surface portante principale, de 1 m. 20 de large et 14 mètres d'envergure, derrière laquelle étaient installés le moteur Gnome et son hélice ; à l'avant, les gouvernails de profondeur et de direction ainsi que le stabilisateur ; au milieu le siège du pilote. Cet ensemble aéroplane reposait sur trois flotteurs hydroplanes, l'un à l'avant du châssis, les deux autres à l'arrière, sous chacune des ailes de la surface principale.

A la fabrication de cet appareil étaient appliqués les procédés de construction Henri Fabre sur lesquels il nous est impossible de nous étendre ici mais qui méritent cependant d'être mentionnés.

Les plus frappants de ces procédés étaient ceux appliqués à la charpente de l'appareil et aux ailes. Les poutres qui constituaient cette charpente étaient des poutres armées en bois, formées de deux semelles réunies par des croisillons; leur résistance à la flexion et à la compression était des plus remarquables par rapport à leur poids total. Cette résistance doublée d'une grande rigidité permettait de supprimer une bonne partie des tendeurs qu'on emploie généralement.

Quant aux ailes Fabre, elles étaient souples et à voilure repliable ; elles se composaient de trois parties :

1º *La poutre armée.* — Placée tout à fait à l'avant de l'aile, à la place qu'occupe l'os dans l'aile de l'oiseau, elle constituait l'unique longeron qui la supportait.

2º *Les lattes souples.* — Lames de bois superposées et collées à la manière des ressorts de voiture ; elles venaient se fixer par leur gros bout dans la poutre armée au moyen de brides, et travaillaient en porte à faux comme la plume de l'oiseau encastrée dans l'os.

3º *La voilure.* — Le tissu utilisé était la simili soie employée sur les voiles légères des yachts de course. Entièrement cousu à la main, muni d'œillets et de renforts comme les voiles de bateaux, il ne se fixait pas sur l'aile à l'aide de clous de tapissier, mais bien à la manière d'une voile de navire que l'on enverge sur ses espars.

A cet effet, la voilure était réunie à chaque latte par une gaine coulissante, et tandis que son bord antérieur était maintenu appliqué contre la poutre armée dont elle prolongeait exactement une face, son arrière venait se fixer avec la tension voulue sur chaque extrémité de latte au moyen de claps ou crochets à ressorts.

On pouvait donc, en ouvrant ces crochets, la détendre et la faire coulisser le long de la voilure pour la serrer contre la poutre, ou bien l'enlever complètement pour la laver ou la réparer, et la remettre rapidement en place sans démonter aucune pièce du squelette de l'aile.

La partie marine de l'appareil était composée naturellement de trois flotteurs Fabre dont un à l'avant et deux sous les plans principaux. Ces flotteurs ont été longuement décrits et leurs propriétés commentées dans le corps de cet ouvrage : nous n'insisterons donc plus à leur sujet.

Les caractéristiques de l'appareil Fabre étaient les suivantes :

Longueur : 8 m. 50.
Envergure : 14 mètres.
Ailes souples repliables et flotteurs hydroplanes.
Stabilisateur à l'avant.
Levier de commande unique pour le gouvernail de profondeur et le gauchissement.
Direction au pied.
Flotteurs hydroplanes ou trains d'atterrissage remplaçant les flotteurs.
Moteur Gnome 50 chevaux et hélice Chauvière.
Poids, environ 380 kilogrammes.


## L'HYDROPLANE FARMAN


L'hydroplane Farman qui a si brillamment figuré à Monaco est le biplan militaire du type désormais classique. Son envergure est de 13 m. 20, sa longueur de bout en bout de 8 m. 30. Comme sur la plupart des appareils Farman, le plan supérieur dépasse en envergure le plan inférieur. La surface totale est d'environ 50 mètres carrés.

Dans le sens latéral, l'appareil est stabilisé par des ailerons : dans le sens longitudinal par un équilibreur arrière.

La propulsion est assurée par une hélice placée à l'arrière de la cellule et qu'entraîne un moteur Gnome de 70 HP. Quant au pilote et aux passagers, ils sont tout à fait à l'avant, en porte à faux au-dessus du vide : stabilisation latérale et longitudinale sont assurées par un levier : direction par un palonnier.

Les flotteurs étaient primitivement au nombre de trois Le flotteur arrière reconnu inutile dans la suite a été supprimé. Les flotteurs avant mesurent 3 m. 50 de long sur 1 mètre de large. Ils sont taillés en biseau à leurs deux extrémités.


## L'HYDROPLANE NIEUPORT


L'hydroplane Nieuport est un des premiers monoplans marins à avoir été réellement au point. Il a en plus donné des preuves superbes de sa valeur en remportant à Saint-Malo le prix de vitesse dans l'épreuve Saint-Malo-Jersey et retour et en accomplissant toujours sous la conduite de Weymann, un retour sensationnel de Tamise à Paris par la voie maritime et fluviale.

L'appareil est du type triplace vainqueur dans le concours militaire de Reims. Il est muni d'un moteur Gnome de 100 HP à 14 cylindres.

Les ailes, construites avec la robustesse qui est le propre de la construction Nieuport, sont à double courbure c'est-à-dire qu'elles se relèvent légèrement vers l'arrière Leurs longerons et l'âme de leurs nervures sont en frêne, les semelles des nervures en peuplier. Le tout est triangulé intérieurement par des croisillons en corde à piano. Quant aux haubans, ils sont fixés par des ferrures encastrant les longerons, par l'intermédiaire de boulons.

Le fuselage a la forme caractéristique des monoplans Nieuport. Il est à section rectangulaire et permet à l'aviateur et à son passager de se dissimuler complètement à l'intérieur.

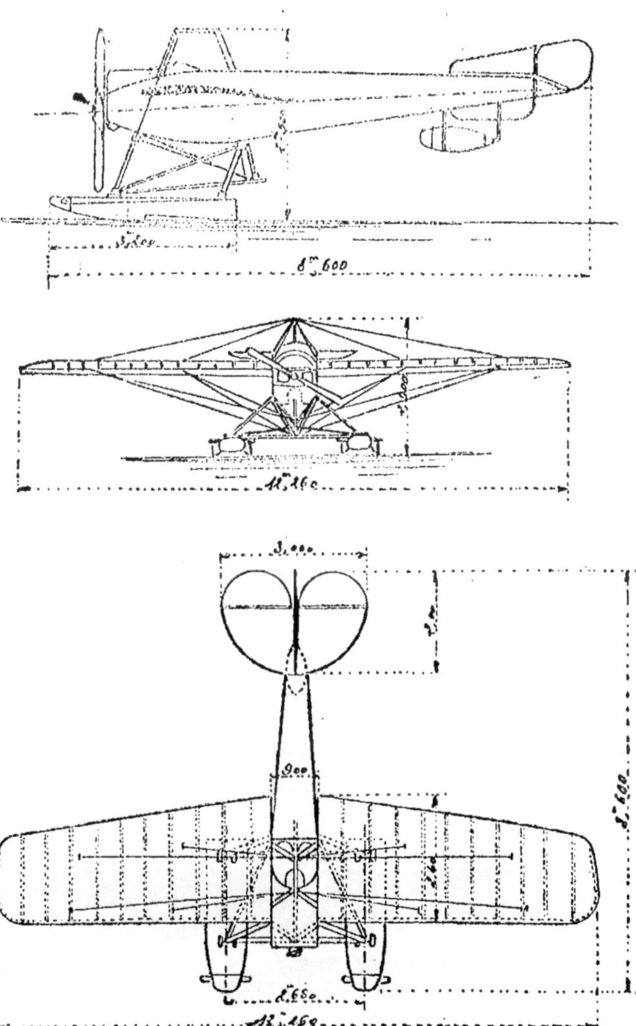

L'hydroplane Nieuport.

Le monoplan Rep.

Le monoplan Train.

Le monoplan Nieuport.

Le Triad Paulhan-Curtiss.

Passagers et pilote sont aussi groupés que possible et eux-mêmes très rapprochés du moteur ; ce centrage est toujours appliqué chez Nieuport, vraisemblablement avec juste raison.

Le gauchissement s'opère à l'aide de deux pédales de telle manière que toute déformation d'une aile amène automatiquement une déformation contraire correspondante de l'autre aile.

Dans le sens longitudinal, deux ailerons semi-elliptiques mobiles avec un aileron fixe également elliptique auquel ils font suite assurent à l'équilibre de l'appareil les conditions requises. Quant à la direction elle est obtenue par un gouvernail vertical commandé par le même levier que l'équilibreur longitudinal.

Grâce à un dispositif spécial, l'hélice peut être mise en marche de l'intérieur au moyen d'une manivelle.

Les flotteurs dont est muni l'appareil sont du type en catamaran. Ils sont allongés et plats, à section rectangulaire à l'arrière mais arrondie à l'avant. Il en a d'ailleurs été question déjà dans ce qui précède. Ils sont à redan, et munis de deux ailerons qui les empêchent de s'engager, et peuvent éviter à l'appareil de capoter.

Ces flotteurs ont 3 mètres de long et 40 cm. de large au maître couple. Ils ont fait preuve d'une très grande aptitude au déjaugeage et sont par ailleurs d'un tel dessin qu'ils ne paraissent pas nuire, en vol, à la finesse de l'appareil. Ils sont maintenus en place par un système de montants en tubes d'acier profilés.

Quant au flotteur arrière, il a la forme d'un œuf allongé. Il n'est utile d'ailleurs qu'au repos.

Les caractéristiques numériques de l'appareil sont les suivantes :

Envergure : 12 m. 25.
Longueur : 8 m. 60.
Surface portante : 22 mètres carrés.
Poids en ordre de marche : 500 kilos.
Moteur : 100 HP Gnome.

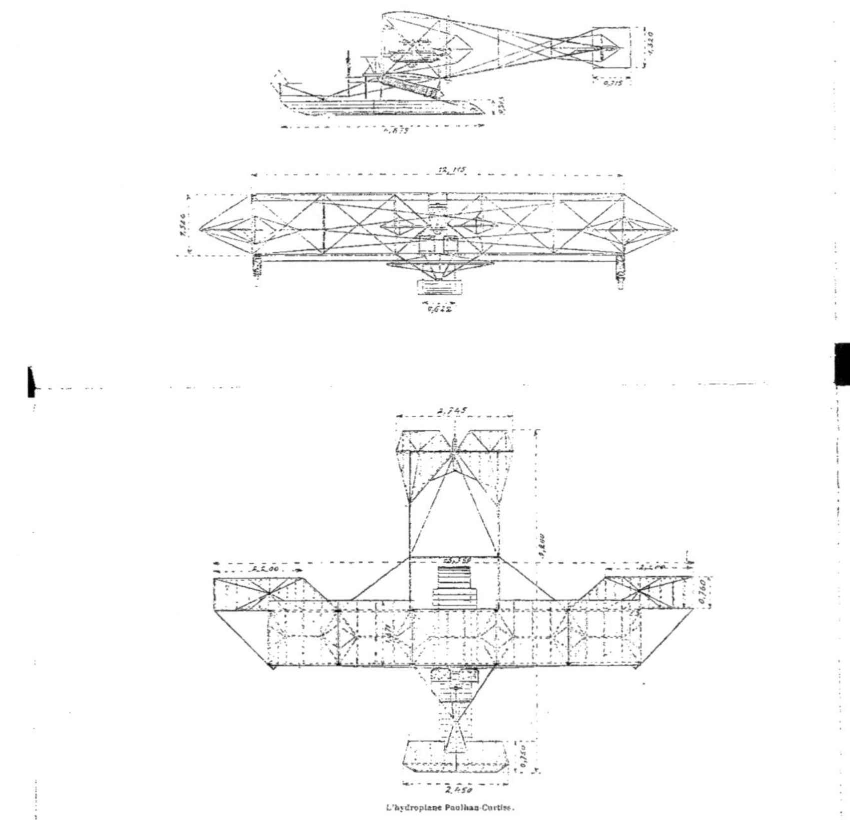

L'hydroplane Paulhan-Curtiss.

Hélice : Intégrale Chauvière ; diamètre : 2 m. 55 ; pas 2 mètres.

Vitesse atteinte avec trois personnes à bord : 110 kilomètres à l'heure.


## L'HYDROPLANE PAULHAN-CURTISS


Nous avons décrit dans la première partie comment était le premier appareil avec lequel Curtiss inaugura en Amérique la navigation aéromarine. A cet appareil dont le défaut le plus grave était un manque d'homogénéité, en succéda un second qui fut le fameux Triad que Paulhan importa d'Amérique.

Le Triad est un appareil à coque centrale étroite et allongée dont la stabilité latérale est assurée par deux flotteurs complémentaires en fuseau disposés aux extrémités des ailes.

Le flotteur central est un parallélipipède à section rectangulaire simplement relevé à l'avant et au-dessus duquel est établi l'appareil Curtiss ordinaire. Ce flotteur n'est donc pas à proprement parler, malgré sa position centrale, une coque-fuselage puisqu'il ne renferme aucun organe et n'a pas d'autre rôle que d'assurer la flottaison et le déjaugeage.

La partie aérienne de l'appareil comporte deux plans de 8 m. 75 d'envergure qui donnent 26 mètres carrés 60 de surface. De chaque côté de la cellule, dépassent deux ailerons stabilisateurs situés à mi-hauteur entre les deux plans qui portent l'envergure totale à 11 m. 30.

Le longueur totale de l'appareil est de 8 m. 30 ; celle du flotteur de 4 m. 80.

L'équilibre longitudinal est assuré en vol par deux empennages, un empennage avant mobile de 1 m. 250 de surface et un empennage arrière mi-fixe, mi-mobile.

Le pilote exerce son contrôle par levier et volant pour la direction et l'équilibre longitudinal et par le dossier de son siège pour l'équilibre latéral.

Malgré ses grandes dimensions, le flotteur du Triad ne pèse que 57 kilos ; il est divisé en long et en travers en cloisons étanches.

Le moteur qui actionne l'appareil est un moteur Curtiss de 85 HP à 8 cylindres en V actionnant à 1.300 tours une hélice propulsive de 2 m. 30 de diamètre et 1 m. 60 de pas. Afin d'éviter la rupture des pales si elles venaient en contact avec l'eau, on a armé l'extrémité de celles-ci avec de la tôle d'acier.

Au modèle Triad qui vient d'être décrit, Curtiss en a récemment substitué un troisième, puis un quatrième qui se rapprochent de plus en plus du bateau ailé qui sera le terme final de l'évolution en matière d'hydroplane.

Celui que nous appellerons le numéro 3 est déjà nettement un appareil à coque fuselage. La partie sustentatrice de l'appareil est toujours à peu près la même, mais la coque se dessine nettement.

Le flotteur de section rectangulaire est devenu fuselage et s'étend jusqu'à l'arrière de l'appareil. Le moteur n'est plus suspendu entre les deux plans sustentateurs, mais logé dans la coque à l'avant. De ce fait, au lieu d'une hélice en prise directe, il entraîne deux hélices par une chaîne. Le pilote et le passager se trouvent également dans la coque à l'aplomb de la cellule.

Enfin le Curtiss numéro 4 est celui que représente notre photographie de la page 33. On voit nettement comment les formes ont évolué et combien ce dernier modèle paraît être proche de l'hydroplane définitif, tel qu'on aime à se le figurer.

La coque très allongée et effilée mesure 8 m. 50 de la proue à la poupe et 0 m. 85 au maître-couple. Elle est construite en bois contreplaqué et divisée en six compartiments étanches de telle sorte que l'appareil peut encore flotter, même si une avarie a déterminé une voie d'eau.

Les plans porteurs sont égaux et mesurent 10 mètres

d'envergure pour 2 mètres de profondeur. Le poids de l'appareil est de 500 kilos seulement.

Les organes stabilisateurs comprennent un simple empennage à l'arrière, car sur ce type, comme d'ailleurs sur le précédent, l'équilibreur avant maintenu d'habitude sur tous les biplans Curtiss est supprimé. Le gouvernail de direction placé verticalement au-dessus de cet empennage équilibreur est précédé d'une quille verticale triangulaire.

Le groupe moteur est toujours le 85 HP Curtiss à 8 cylindres en V. Il actionne en prise directe une hélice en bois à deux pales, le système à deux hélices tractives n'ayant pas donné, sur le modèle précédent les résultats attendus. Le moteur est protégé des embruns par deux cloisons verticales qui forment par la même occasion surfaces de dérive.

Les commandes sont les mêmes que sur les appareils Curtiss ordinaires. Quant aux réservoirs, ils sont logés dans la coque ; celui d'essence est prévu pour 160 litres.

Cet appareil qui n'a pas encore fait son apparition en Europe a déjà réussi de nombreux vols à Hammondsport où se trouvent les ateliers Curtiss. Il a vivement attiré l'attention de l'Amirauté américaine qui se propose d'en équiper les 21 cuirassés de l'Atlantic-Fleet.


## L'HYDROPLANE REP


L'hydroplane Rep est, avec le Train que nous verrons plus loin, le seul monoplan actuel, ayant été éprouvé, à n'être muni que d'un seul flotteur central.

Comme appareil aérien, le Rep est un appareil ordinaire dont la surface a été portée de 16 à 20 mètres carrés, en raison de la surcharge provoquée par l'addition des flotteurs.

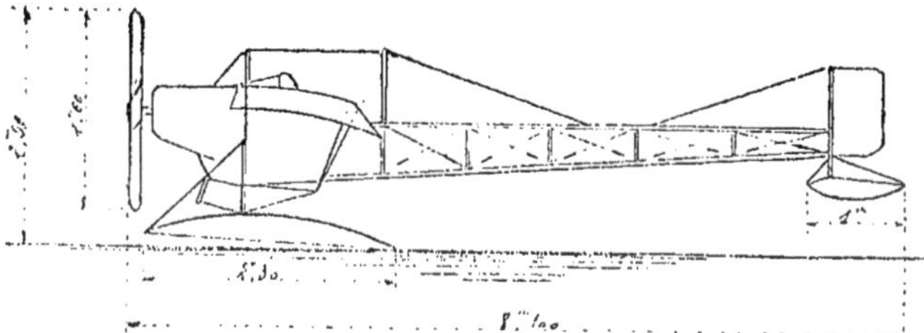

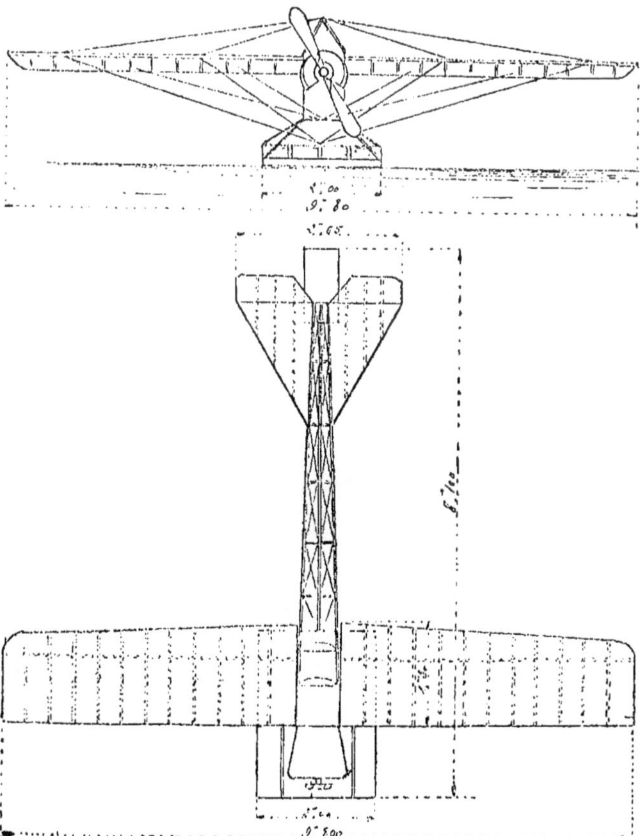

L'hydroplane Rep.

Son envergure est de 11 m. 60 ; sa longueur de 7 m. 50.

La construction de l'appareil, sauf les ailes, est entièrement métallique. Le fuselage à section pentagonale à l'avant, pour contenir pilote et passagers, devient à section triangulaire en arrière des ailes et se termine par une surface de stabilisation triangulaire plane et deux ailerons équilibreurs.

La stabilité latérale est obtenue par gauchissement, la stabilité de route par un empennage vertical fixe et la direction par un gouvernail arrière.

Actionné par un moteur Gnome de 80 HP qui commande une hélice Chauvière de 2 m. 60 de diamètre et 1 m. 80 de pas, le monoplan Rep s'est affirmé très rapide à Saint-Malo et à Tamise.

Le flotteur dont il est muni est du genre Fabre. Il présente une légère incidence qui lui permet de travailler un peu à la sustentation, en vol. Ce flotteur mesure 4 mètres de large sur 2 mètres 30 de profondeur. Il supporte à lui seul les 400 kilos de l'appareil.

A l'arrière est prévu pour le repos un petit flotteur semi-lenticulaire qui quitte l'eau dès le départ de l'appareil.

La solution appliquée chez Rep est d'un grand intérêt.

## LE BIPLAN SANCHEZ-BESA

Le biplan Sanchez-Besa est entièrement métallique. Il mesure 16 m. 60 d'envergure et 11 m. 50 de long. Ses ailes ont une profondeur de 1 m. 75, ce qui lui donne une surface portante de 55 mètres carrés environ.

A chaque extrémité de la cellule sont disposés des ailerons pour le maintien de l'équilibre latéral. Quant à l'équilibre longitudinal, il est assuré par un équilibreur arrière monoplan. Au-dessous de cet équilibreur qui mesure 4 m. 55 d'envergure pour 1 m. 90 de profondeur, est situé le gouvernail de direction.

Le canard Voisin en plein vol.

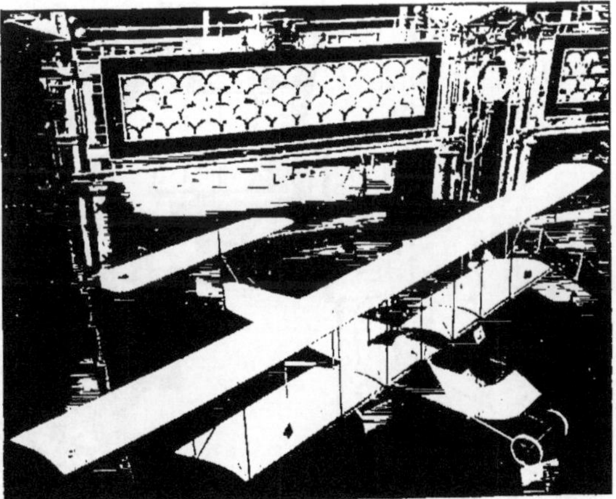

Le nouvel appareil Sanchez Besa.

Le canard Voisin au repos à Monaco.

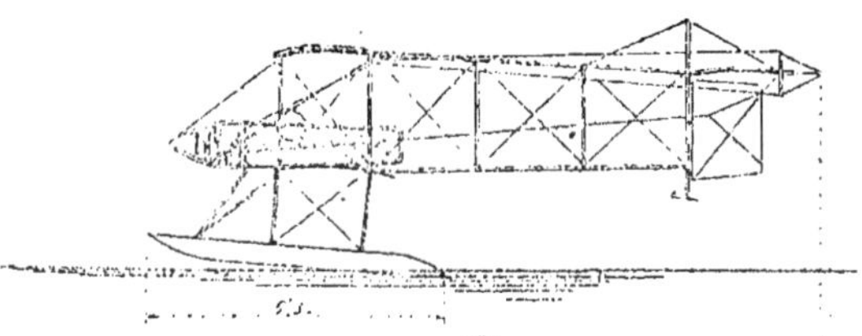

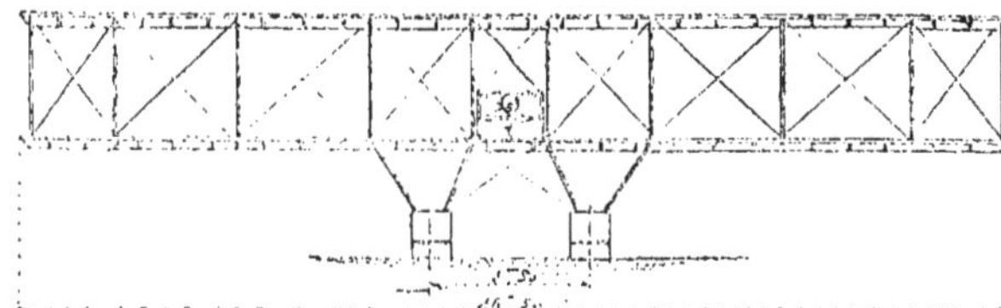

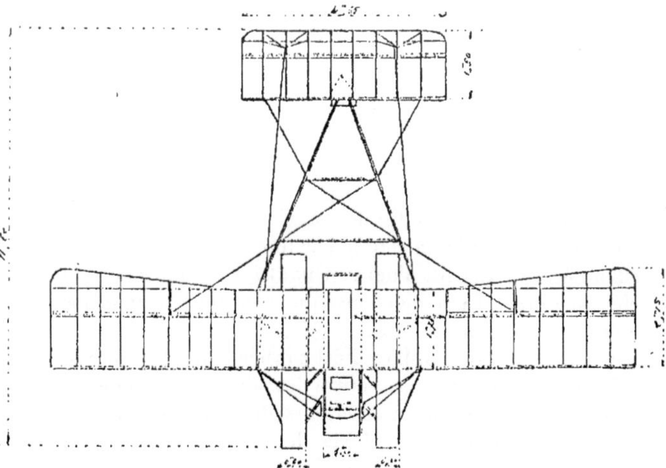

Le premier hydroplane Sanchez-Besa.

La partie motrice comporte un Renault.

Les flotteurs du Sanchez-Besa sont du type en catamaran. Leur section est rectangulaire et leur maître-couple reporté à l'avant de leur demi-longueur. Ils mesurent 5 m. 60 de long sur 0 m. 40 de haut et 0 m. 60 de large.

La queue de l'appareil est en porte à faux. Un petit flotteur cependant a été prévu sous le gouvernail.

Un nouveau type actuellement à l'essai comporte un fuselage-coque contenant en son centre le moteur qui est ainsi placé comme dans un canot.

L'hélice actionnée par l'entremise d'une chaîne tourne à 450 tours.


## L'HYDROPLANE SAVARY


L'hydroplane Savary ne diffère pas profondément comme appareil aérien des biplans Savary ordinaires. Quant à sa partie marine, elle comporte trois flotteurs Tellier en catamaran.

L'appareil mesure 14 m. 50 d'envergure et 10 mètres de longueur. C'est un biplan dont les ailes inégales ont une profondeur uniforme de 2 mètres et une surface totale de 55 mètres carrés.

La stabilité longitudinale est assurée par un empennage double réuni à la cellule par une poutre en bois croisillonnée avec des fils d'acier. Quant à la stabilité latérale elle est obtenue par deux ailerons conjugués qui se manœuvrent en sens inverse.

La direction de l'appareil est confiée à quatre gouvernails verticaux, disposés entre les plans principaux et fixés sur les montants postérieurs de la cellule. Ils forment en même temps surfaces de dérive. Cette disposition originale est propre aux biplans Savary.

Le groupe moto-propulseur comporte un 75 HP Renault à ailettes actionnant deux hélices Chauvière de

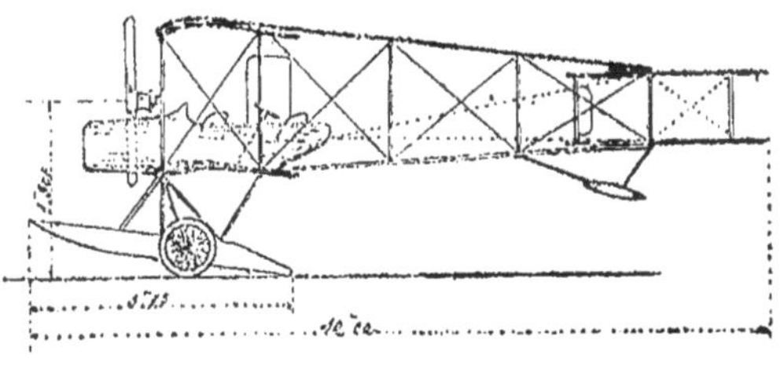

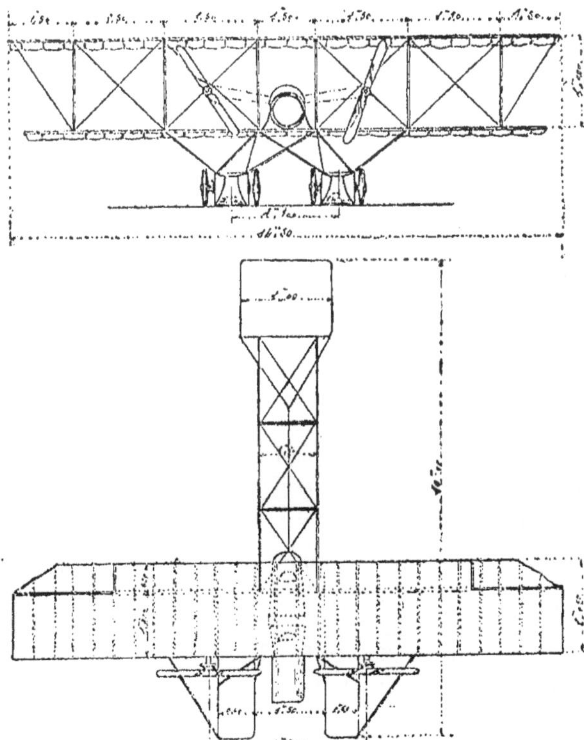

L'hydroplane Savary.

2 m. 60 de diamètre placées à l'avant et tournant en sens inverse sans croisement de la chaîne.

Les sièges du pilote et du passager sont installés dans une sorte de fuselage qui peut être pris pour une esquisse de carrosserie. Ce fuselage reçoit aussi le moteur, à l'avant.

Quant aux flotteurs, ce sont des flotteurs Tellier en acajou avec toile imperméable interposée entre les bordés. Les deux flotteurs principaux mesurent 3 m. 75 de long sur 0 m. 60 de large. Leur section est rectangulaire et leur avant taillé en sifflet. Ils sont sans redan.

L'adoption de trois flotteurs est vraisemblablement à l'heure actuelle, la solution qui donne en mer les plus satisfaisants résultats. Il n'y a guère de critique à adresser pour l'instant à ce système, qui permet aux biplans particulièrement, d'utiliser sans transformations importantes, le bâti prévu pour les patins.

Le flotteur arrière, de dimensions beaucoup plus restreintes, repose sur l'eau lorsque l'appareil est à l'arrêt ; mais dès que l'hydroplane a acquis une certaine vitesse, le gouvernail arrière se soulève et l'hydroplane ne glisse plus que sur ses deux flotteurs avant. Ces deux flotteurs, constitués de façon à servir de patins, sont reliés au fuselage au moyen de quatre solides jambes de force entretoisées.

Le train d'atterrissage, de construction très robuste, qui a été conservé, est complété par deux petites roues orientables et à éclipse permettant à l'hydroplane de venir se poser aussi bien sur la terre ferme que sur l'eau.

Principales caractéristiques :

Envergure : 14 m. 50.
Surface : 55 mq.
Poids en ordre de marche : 550 kilos.
Moteur : Renault 75 HP.
2 hélices Chauvière de 2 m. 60 de diamètre et 2 m. de pas.
Vitesse de l'appareil, deux personnes étant à bord : 110 kilomètres à l'heure.

# L'HYDROPLANE TRAIN

L'hydroplane Train n'a pas encore donné des résultats définitifs, mais il n'en est pas moins intéressant à signaler car il présente certaines particularités nouvelles sur les monoplans.

Il est en effet à flotteur central mais a été essayé avec deux catégories de flotteurs assez différents qu'il importe de décrire.

Le premier était à redan, et relevé assez sensiblement à l'avant de façon à éviter tout danger d'engagement. Il mesurait deux mètres d'arête et trois mètres de profondeur, se prolongeant assez loin vers l'arrière pour que l'appareil puisse se passer de tout sustentateur auxiliaire sous la queue qui se trouvait par conséquent en porte à faux.

La position du redan qui correspondait à peu près à la position qu'occupent les roues, permettait un décollage rapide ; mais l'appareil manquait de stabilité latérale.

Le deuxième flotteur essayé avait en projection horizontale la forme d'un T. Sa largeur plus grande à l'avant lui donnait la stabilité latérale nécessaire. Le reste du flotteur allongé vers l'arrière ressemblait presque en tout au flotteur primitif essayé.

Il est à noter que cette forme en T rappelle d'assez près la forme de certains canots glisseurs de Tellier vainqueurs à Monaco.

La forme triangulaire du fuselage se prêtant particulièrement bien à la fixation du flotteur, on n'a eu besoin sur le Train de recourir ni aux montants, ni aux arcs-boutants que l'on est obligé de disposer généralement sur les autres appareils.

Le moteur est un Gnôme de 50 HP enfermé dans un carter protecteur qui anime une hélice tractive de 2 mètres. La surface de l'appareil est de 16 mètres carrés, l'envergure de 9 m. 30, la longueur de 8 mètres.

6

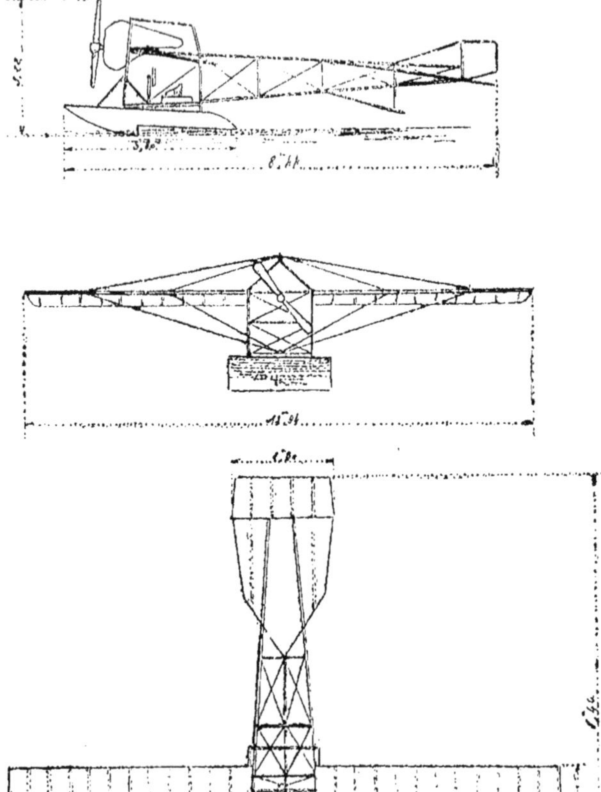

L'hydroplane Train.

Toute la construction du monoplan Train est en tubes d'acier étirés. Cette construction qui rend l'appareil insensible à l'action de l'humidité est tout indiquée sur ceux qui sont destinés à faire de longs séjours sur l'eau.


## L'HYDROPLANE VOISIN


Le canard hydroplane Voisin fut après le monoplan d'Henri Fabre le premier à décoller sur l'eau, en France. Nous en avons d'ailleurs parlé longuement dans la première partie et devons nous contenter ici d'en donner la description.

Il existe actuellement deux modèles de canards Voisin : celui de la marine française et celui de la marine russe : tous deux sont d'ailleurs identiques aux dimensions près. Le premier mesure 12 mètres d'envergure sur 7 mètres de profondeur ; le deuxième 15 mètres sur 9.

La cellule principale est construite à la manière habituelle, chez Voisin, c'est-à-dire en tubes d'acier soudés et croisillonnés par des fils d'acier. Elle est démontable en plusieurs sections. Quant à la toile, au lieu d'être clouée sur les nervures, elle est simplement lacée sur une réglette en bois qui forme le bord postérieur de la surface.

Le fuselage qui porte à l'avant les empennages de direction et de stabilité et à l'arrière le moteur et l'hélice n'est relié à la cellule sustentatrice que par des câbles convenablement tendus. Ce montage qui paraît très osé donne d'excellents résultats.

L'empennage avant se présente à l'air sous une incidence très prononcée, de façon que sa corde forme avec la corde des ailes le V longitudinal nécessaire à la stabilité. Cette surface avant est composée de deux plans fixés des deux côtés du fuselage et terminés vers l'arrière par deux volets mobiles de profondeur.

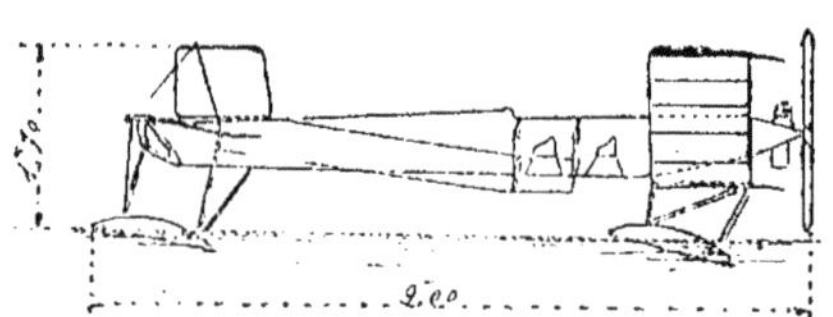

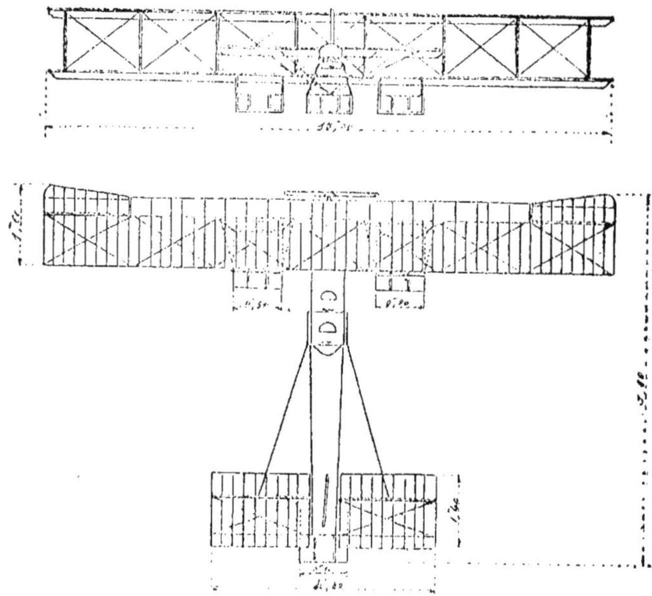

L'hydroplane Voisin.

Pour la stabilité latérale, quatre ailerons pendants articulés sur le bord arrière des plans principaux aux extrémités de la cellule assurent le contrôle.

Enfin la direction est confiée à un gouvernail vertical placé sur l'avant du fuselage et commandé par un volant.

Les flotteurs sont du type Fabre en bois contreplaqué. Leurs arêtes avant et arrière sont garnies de cuivre. La liaison des flotteurs à l'appareil s'opère semi-élastiquement, grâce aux montants arrière qui sont télescopiques et armés d'un ressort en boudin. De la sorte, les chocs violents que l'eau imprime en mer aux flotteurs sont en grande partie amortis.

Ces flotteurs sont au nombre de trois sur l'appareil russe et de quatre sur l'appareil français, à cause de son poids plus grand, trois en ligne sous la cellule et un à l'avant.

À l'heure où paraîtra cet ouvrage, un nouveau biplan marin, signé Voisin, sera à l'essai.

Cet appareil biplan et dont l'envergure doit aller dans les vingt mètres, n'est pas du type Canard, mais du type Voisin militaire. Il est à coque centrale et unique. Cette coque dont le fond est plat rappelle un peu la forme de *la Rapière*, par exemple sans redan. Elle est construite en cédrat et contient un moteur Clerget à 8 cylindres de 200 HP. Le moteur est à l'aplomb de la cellule principale et au-dessous. Il entraîne l'hélice par une chaîne. Quant à la coque, elle s'arrête net à l'arrière du plan sustentateur.

CONCLUSION

----

L'usage voudrait que notre conclusion fût un tableau
plein de promesses des merveilles que l'hydroplane permettra d'accomplir un jour. Mais nous avons déjà dit
plusieurs fois, qu'il était plus utile d'analyser à fond
l'état actuel d'une question que de chercher à s'en
représenter l'état futur.

Aussi nous en voudrions-nous de faillir à ce principe
et d'envisager ici autre chose que ce que suggèrent les
expériences réalisées jusqu'ici.

Un des enseignements qui se dégagent le plus nettement de l'expérience, c'est que la plus grosse difficulté
à résoudre est la stabilité de l'hydroplane sur l'eau, sur
l'eau agitée bien entendu.

On dira volontiers qu'à Saint-Malo comme à Monaco
les appareils ont fait preuve d'une tenue en mer remar-
quable et que cependant la mer était mauvaise. Seulement il ne faut pas prendre au pied de la lettre les récits
des journaux, mais bien se figurer que ceux qui en ont
ainsi parlé, ou bien ignoraient tout de la mer, ou bien
cherchaient à enthousiasmer leurs lecteurs. La mer est
un élément terrible par sa violence et la diversité de ses
attaques; il a fallu des siècles de travail et d'expérience
pour arriver à construire les coques de navires susceptibles de lui résister et ce ne sera pas en un jour que des
engins rapides et légers arriveront à se jouer des embûches
qu'elle leur tendra.

Aussi, comme il a été dit, la solution du problème et
la victoire de l'hydroplane sur mer ne paraissent-elles
se rattacher qu'à un bien faible degré à une simple
question de forme et l'on n'est en droit d'escompter la
navigabilité de l'hydroplane en mer agitée, que du jour

où ses dimensions et sa capacité rendront sa coque assimilable à celle d'un torpilleur de haute mer. C'est pourquoi la solution en sera longue à venir.

Ce que l'on peut reprocher à la manière actuelle, c'est que les hydroplanes soient de simples appareils ordinaires auxquels on a ajouté des flotteurs et que ceux-là non étudiés pour ceux-ci, fassent un ensemble souvent disparate manquant de cette unité qui est une qualité maîtresse en matière de construction. Mais il ne faut voir dans ce défaut qu'une conséquence de la hâte avec laquelle les constructeurs ont dû répondre aux besoins du jour et il n'est pas douteux que le moment est proche où l'hydroplane sera étudié et construit sur des plans assez différents de l'aéroplane terrien et constituera une classe d'appareils bien à part.

Aux hydroplanes actuellement employés on peut faire les reproches généraux suivants :

Défaut de stabilité transversale quand les flotteurs ne sont pas suffisamment écartés l'un de l'autre dans le sens latéral et principalement quand le flotteur est central (coque fuselage).

Difficulté de décollage avec les flotteurs trop longs qui baignent encore de l'arrière quand l'appareil est sur le point de s'enlever.

Difficulté de navigation pendant la flottaison par manque de docilité aux gouvernails et trop grande sensibilité aux forces extérieures.

Mais ce sont là péchés véniels et au cours des quelques années qui vont suivre, tous ces défauts auront été si bien combattus qu'il n'en restera plus trace.

Nous avons suffisamment montré, au cours des pages qui précèdent, quels avantages particuliers présentait chacun des systèmes de flotteurs utilisés jusqu'à ce jour pour qu'il soit utile de montrer encore une fois vers quelle forme tendra désormais l'évolution.

Il ne paraît pas déraisonnable de considérer les grandes lignes de cette évolution comme jalonnées par les étapes successives qu'a franchies, en bien peu de temps cependant, la construction des hydroplanes Curtiss. On peut dire, en effet, presque à coup sûr que chaque fois qu'une réalisation mécanique fait un nouveau pas vers l'unité, vers la cohésion, l'homogénéité, elle s'achemine vers sa conception définitive. Or, le premier appareil de Curtiss est à trois flotteurs distincts, greffés au-dessous de l'appareil à roues ordinaires, par conséquent sans homogénéité aucune. Le deuxième ne comporte plus qu'un seul flotteur, mais c'est encore un simple radeau sur lequel se fixe l'appareil aérien. Le numéro 3 au contraire, affecte davantage la forme d'un bateau ; tandis que le moteur et le pilote trouvent asile dans la coque. Enfin le numéro 4 qui vient d'être tout récemment construit, réalise ce qu'on est en droit d'appeler, comme l'appelle du reste Curtiss lui-même le véritable « bateau ailé ». L'appareil a du bateau juste ce qui convient et de l'aéroplane le strict nécessaire. Il matérialise ainsi, de la façon la plus cohérente qui soit, l'image qu'on se plaisait depuis longtemps à se représenter en esprit de l'appareil aéromarin.

Reste à savoir maintenant si l'hydroplane doit être un appareil mixte muni de flotteurs et de roues et pouvant atterrir aussi bien sur terre que sur l'eau.

Il n'y a pas d'impossibilité mécanique à munir de roues un appareil à flotteurs : il en existe déjà du reste d'ainsi équipés : il suffit que les roues soient escamotables car elles présenteraient dans l'eau une telle résistance à l'avancement, que l'envol serait difficile. Seulement il est à prévoir que le jour où l'hydroplane aura une destination bien définie, l'éventualité d'un atterrissage sur terre ferme ne sera pas à envisager. Mais encore une fois, c'est une question d'expérience et l'on peut affirmer que les constructeurs seront en mesure de répondre, comme ils l'ont toujours su faire, aux nécessités imposées par la pratique.

Auxerre. — Imprimerie Auxerroise, J. Piquelet, Directeur.

# REVUE GÉNÉRALE

## DE

# L'AÉRONAUTIQUE

## MILITAIRE
## THÉORIQUE ET PRATIQUE

### PRINCIPALES ÉTUDES CONTENUES DANS LE TOME II

*Commandant DORAND*
**ETUDE D'UN PROJET D'AÉROPLANE**

*Capitaine SACONNEY*
**EVALUATION DE LA HAUTEUR D'UN AÉROPLANE**

*Colonel ORTUS*
**LA TACTIQUE DES NAVIRES AÉRIENS
ET LA BALISTIQUE DE LEURS PROJECTILES**

*Capitaine DUCHENE*
**CAUSERIES SANS FORMULES SUR L'AÉROPLANE**

*Capitaine CHARET*
**ESSAIS DYNAMIQUES DE RÉSISTANCE DES AÉROPLANES**

**LES CLASSIQUES DE L'AVIATION**
*Sir Georges CAYLEY*, **NAVIGATION AÉRIENNE**

*G. BONNEFOY*
**TEXTE ET COMMENTAIRES DU DÉCRET DU 4 NOVEMBRE 1911
SUR LA NAVIGATINN AÉRIENNE**

*Capitaine BELLANGER*
**L'UTILITÉ DE L'AVIATION MILITAIRE
DÉMONTRÉE PAR QUELQUES FAITS DE GUERRE**

*Lieutenant REMY*
**COMMENT ON FORME UN AVIATEUR**

*Lieutenant GONIN*
**LA PRATIQUE DU CROSS COUNTRY AÉRIEN
EN PLEIN CIEL EN MONOPLAN**

*Tous les documents officiels intéressants l'aéronautique.
Bibliographie. — Brevets d'invention.*

Prix du volume : **7 fr. 50**

# LIBRAIRIE AÉRONAUTIQUE